Diana Maldonado

Post-Arquitectura

Notas sobre geografías invisibles

Post-Arquitectura es la síntesis y revisión crítica de diez años de trabajo, donde las otras 'otras' geografías fueron el punto de partida para reflexiones y tesis. El texto propone entender la arquitectura como geografía de primera y segunda escala, es decir, como territorio base para la experiencia espacial; además plantea la reconceptualización de elementos arquitectónicos y su organización en redes y sistemas multidimensionales. Post-Arquitectura busca mover los límites epistemológicos a través de una serie de herramientas teóricas que sirvan para pensar el futuro de la arquitectura y el papel del arquitecto frente a los paradigmas actuales.

Diana Maldonado

Post-Arquitectura

Notas sobre geografías invisibles

nhamerica 003

Maldonado, Diana (autora)

Post-Arquitectura
Notas sobre geografías invisibles --- 2022.

166 pp.

Austin, Nhamerica press, 2022.
ISBN: 978-1-946070-12-8

1.Arquitectura 2. Teoría de la arquitectura
3.Experiencia espacial

Diana Maldonado

Post-Arquitectura

Notas sobre geografías invisibles

AUSTIN
2022

Diana Maldonado

Arquitecta mexicana y Doctora en Arquitectura por la Universidad Nacional Autónoma de México (UNAM); es profesora-investigadora de tiempo completo en la Facultad de Arquitectura. Universidad Autónoma de Nuevo León (UANL). De 2009 a 2010 realizó una estancia posdoctoral en la Universidad de Buenos Aires (UBA), Argentina; en 2012 fue investigadora Fullbright en The University of Texas at Austin, School of Architecture (UTSOA); en 2014 fue Visiting Scholar en UC Berkeley, con un programa de investigación independiente. En 2016 coordinó el lado sur del taller binacional "Border Without a Wall" (UTSOA-UANL); y en 2017 desarrolló una estancia sabática de investigación vinculando experiencias espaciales en Santiago de Chile, Rio de Janeiro, Milán y Monterrey. Su propuesta teórica ha sido presentada en diferentes foros nacionales e internacionales. Su trabajo reciente está relacionado con el desarrollo de una teoría crítica para la comprensión del espacio de la escala humana; líneas de investigación: teoría crítica urbano-arquitectónica; transfeminismo, espacio y ciudad; estudios decoloniales sobre arquitectura; asentamientos informales en América Latina. Libros en proceso: OFF-PLANNING y DRAG FAVELA.

Contenido

Algo como un prefacio **6**

C1. Geografías invisibles clásicas,
el truco del discurso **8**

C2. ¿Qué es la arquitectura? **38**

C3. Esferas conceptuales y elementos **68**

C4. Cartografía topológica: apuntes conceptuales y
de método **106**

Anexos **154**

Algo como un prefacio

Comencé a escribir *Post arquitectura* a finales del año 2015, la idea original era revisar críticamente mis reflexiones sobre la 'otra' arquitectura; el material de revisión estaba constituido por tres tesis de posgrado y un par de ensayos; en aquellos documentos propuse algunos conceptos teóricos interesantes, todos centrados en la materialidad del artefacto; así que se podría pensar que el texto ya estaba escrito, y que era cuestión de darle forma; sin embargo, gracias a los avances tecnológicos, las ideas sobre el espacio de la escala humana comenzaron a cambiar y a difundirse a una velocidad vertiginosa, por lo que al leer el compendio, las ideas me parecieron obsoletas; además, aquella no era del todo mi voz. Un poco de historia:

Desde mis inicios como investigadora, el interés principal han sido los otros espacios de América Latina (favelas, barrios populares, villas, entre otros); por lo tanto, mis propuestas teóricas se han desarrollado desde discursos sobre arquitectura vernácula urbana, hasta modelos de diseño colaborativo basados en redes espaciales de elementos; de la consideración del artefacto como geografía en curso, a otras dimensiones del fenómeno geo-urbano-arquitectónico. Luego, las redes espaciales se convirtieron en mapas topológicos a través de descripciones históricas; así, la memoria tomó el rol principal en la comprensión del fenómeno espacial. El concepto post-arquitectura se fundamenta en el proceso de crítica y autocrítica, y se usa como punto de partida para la invención de otros códigos discursivos; el prefijo post permite mover los límites epistemológicos de la disciplina.

El libro está compuesto por cuatro capítulos, el C1 o primer capítulo presenta una reflexión crítica sobre los discursos de la arquitectura invisibilizada, desde la arquitectura popular hasta los asentamientos informales o de exclusión; también se desvela el contra discurso como correlato, y se propone la redefinición de la idea de participación ciudadana a través de un proceso complejo de *hacking* espacial. En el C2 o segundo capítulo, se deconstruye la arquitectura como concepto, se desvela su cualidad de fenómeno en tránsito, y se analizan diferentes teorías arquitectónicas como píldoras ideológicas, además se propone un esquema de creación arquitectónica donde el artefacto es considerado el territorio de punto de partida de la experiencia. En el C3 o tercer capítulo se conceptualiza el esquema de producción, se definen elementos particulares, de concreción y socioculturales, y se discute la relación entre necesidad y deseo. Finalmente, en el C4 o cuarto capítulo se habla de formas de conexión de elementos, de las otras dimensiones de la experiencia espacial, y de los dragamas como herramienta para graficar el performance de uso del espacio.

Agradezco la apertura teórica y la complicidad intelectual de Fernando Luiz Lara; así como las tantas conversaciones con estudiantes y colegas. Las post notas aquí hechas representan un pliegue teórico que busca desvelar "lo que sigue" en la arquitectura.

Diana Maldonado

Monterrey, México; diciembre 2021.

Capítulo 1

Geografías invisibles clásicas, el truco del discurso

La historia espacial se ha escrito a partir de artefactos monumentales organizados por estilos artísticos, por ejemplo, para explicar el período clásico-académico se habla del Partenón de Atenas y del Coliseo de Roma, o si se aborda la arquitectura precolonial se piensa en el templo de Kukulkán, localizado en Chichén Itzá; o en la pirámide del Sol, situada en la ciudad de Teotihuacán. Sin embargo, muchos tratadistas han puesto el origen de la arquitectura en la "periferia", es decir, en las zonas aparentemente invisibles de los discursos espaciales. De acuerdo con Vitruvio, los primeros humanos nacieron en bosques y selvas, se alimentaban de frutos y vivían en cuevas; el autor señala que el descubrimiento del fuego propició reuniones entre diferentes tribus y con ello discusiones que resultaron en la elaboración de planes sobre una mejor forma de vida; también explica que la creación de nuevas herramientas, junto con la observación de la naturaleza, permitió la construcción de dos tipos de casas: unas con estructura simple de madera y recubrimiento de follaje y lodo, mientras que otras eran excavaciones en montañas y cerros; Vitruvio señala que los primeros refugios fueron evolucionando hasta lograr la techumbre de barro con doble pendiente [1]. Para Alberti, la arquitectura-refugio surge a partir de la necesidad de seguridad; siguiendo al autor, una vez resueltos aspectos de protección y abrigo, los seres humanos separaron las áreas públicas de las zonas privadas, lo que resultó en un esquema de uso habitacional regido por actividades. Alberti señala que los primeros hombres resolvieron la cubierta y así definieron el sistema de soporte, cuya pieza clave fue el muro estructural con ventanas y puertas [2].

Con respecto a los orígenes de la arquitectura, Antonio Filarete di Averlino explica la ciudad ideal *Sforzinda* utilizando los personajes bíblicos de Adán y Eva, el autor se concentra en el momento en que la pareja es expulsada del paraíso y la necesidad del primer refugio aparece; para Filarete la clave está en la comprensión del artefacto arquitectónico como herramienta simple de supervivencia [3]. A mediados del siglo XVIII, Marc Antoine Laugier utiliza el concepto de *"belleza primitiva"* para referirse al refugio-origen: una estructura compuesta por cuatro apoyos verticales y vigas conectoras; esta representación es considerada por el autor como 'el modelo' de producción de la arquitectura (Fig. 1.1). Con su propuesta, Laugier hace una inversión de la analogía renacentista y sustituye el dogma del origen divino por la razón funcional; de esta manera se define la versión moderna o funcionalista del ejercicio de la disciplina [4].

En 1872, Friedrich Engels escribió *Contribución al problema de la vivienda* [5], y así, puso en el centro de las discusiones a las geografías invisibles o vulnerables de aquel período. En el texto, Engels explica que las condiciones lamentables del hábitat de los trabajadores, tales como precariedad en la construcción, superpoblación, ambiente insalubre y escasez de alojamiento, son circunstancias que han afectado a las clases oprimidas de todas las épocas; el autor señala que el problema inició como consecuencia del paso de la fabricación artesanal a la producción en serie y con esto, la integración de los países industrializados a las dinámicas mundiales del mercado.

Fig. 1.1 Representación de refugio primitivo, Macao, China. Fuente: Fotografía de la autora.

La propuesta central de Engels es una crítica a lo expuesto por Proudhon [6], quien propuso como solución al problema, que los trabajadores fueran dueños de su propia casa; así, la idea de propiedad privada se plantea como característica de civilización [7]. Engels menciona que a medida que las ciudades fueron creciendo, los terrenos localizados en el área central aumentaron su valor económico, provocando que los obreros fueran desplazados hacia las zonas periféricas; el autor menciona que la clase dominante mostró interés en las condiciones de los barrios obreros debido a la difusión de ciertos estudios científicos, los cuales establecían que dichos conjuntos habitacionales eran los puntos de origen de epidemias como la viruela, el tifus, el cólera, la fiebre tifoidea, entre otras.

Los estudios concluían que dichas enfermedades invadían la ciudad central a través de la contaminación del aire y el agua; fue así como se crearon estrategias y actividades con el fin de contrarrestar la propagación de las enfermedades por toda la urbe. Siguiendo la explicación de Engels, los proyectos higienistas plantearon dos tipos de vivienda obrera: el *sistema cottage* y el *sistema cuartelero*; en el primer tipo de alojamiento cada familia era dueña de su casa, la cual contaba con áreas sociales y privadas, además de jardín; en el segundo tipo, las familias vivían en un departamento dentro de un edificio o conjunto habitacional. El autor señala que el sistema *cottage* había sido utilizado en Inglaterra desde la aparición de las primeras fábricas; sin embargo, los resultados no fueron exitosos, ya que no resolvieron el problema de vivienda de las principales ciudades del país. Para Engels, el punto clave del conflicto de la vivienda popular, es la oposición entre campo y ciudad (adentro-afuera), y agrega que las únicas salidas posibles son la intervención del Estado y la mutualidad obrera, por lo que los edificios de departamentos se presentaron como la solución ideal para enfrentar el reto de habitación masiva en las ciudades industriales; a partir de esta solución, la periferia "invadió" el centro de las ciudades urbanizadas [8].

Las reflexiones académicas sobre las otras geografías comenzaron gracias a las investigaciones de Sibyl Moholy-Nagy [9], quien en 1957 publicó *Native Genius in Anonymus Architecture in North America*; en el texto la autora define la arquitectura vernácula como el resultado de la relación espontánea que conecta formas, funciones, materiales, características del sitio y condiciones climáticas [10]; a este estudio siguieron otras tantas investigaciones, de las que destacan los textos de Bernard Rudofsky, Amos Rapoport y Paul Oliver, estos primeros estudios validan la existencia de la arquitectura vernácula tanto en el campo (espacio rural) como en las ciudades (¿post-vernáculo?). Así, en 1964, Rudofsky inaugura *Architecture without architects* una exposición fotográfica exhibida en el Museo de Arte Moderno de Nueva York (MOMA); como parte de la exposición, y en sustitución al catálogo común, se publicó un texto con el mismo nombre de la muestra; el objetivo principal del catálogo-libro era visibilizar la arquitectura sin pedigrí o anónima; en el documento el autor establece algunas características de los edificios vernáculos, tales como el trabajo en comunidad, la importancia que tiene el contexto natural y físico, cualidades de durabilidad y versatilidad, así como conceptos y valores trasmitidos de generación en generación (tradiciones).

    Rudofsky propone una tipología de la arquitectura vernácula, por lo que en sus textos habla de arquitectura de esqueleto, nómada, natural, rural, movible, esculpida, primitiva, rudimentaria, de sustracción y clásica vernácula [11]. Luego, en el año de 1969, Amos Rapoport publica el libro *"House form and culture"*, su hipótesis de partida es que las fuerzas socioculturales, más que las físicas, afectan la forma de la vivienda; el autor categoriza los artefactos arquitectónicos en edificios importantes y secundarios, al primer grupo pertenece la arquitectura icónica o académica y al segundo, la arquitectura vernácula; Rapoport explica la tradición popular como la versión inconsciente de las formas físicas de una cultura, de sus necesidades, valores, deseos, sueños y pasiones; divide la arquitectura perteneciente a dicha tradición en dos grupos, por un lado, los edificios primitivos y por otro, los vernáculos, estos a su vez se subdividen en vernáculos preindustriales y vernáculos modernos. Siguiendo al autor, la arquitectura vernácula sólo puede explicarse a partir de su proceso de construcción [12]. En trabajos posteriores Rapoport identifica dos fases en los estudios sobre arquitectura vernácula, la primera representa la etapa histórica, donde se han documentado los edificios populares a partir de la identificación de tipologías y el establecimiento de clasificaciones; la segunda fase está más orientada a resolver problemas a través del análisis comparativo y a la creación de teorías y conceptos.

El autor propone aceptar lo vernáculo como una palabra con definición polisémica [13]. En *Cobijo y Sociedad*, Paul Oliver, al igual que Rapoport, divide la no-arquitectura en artefactos vernáculos y primitivos; siguiendo al autor, todo refugio hecho de ramas y hojas se puede definir como arquitectura primitiva. Por otro lado, Oliver explica la arquitectura vernácula como un fenómeno "vivo" y en constante producción; además establece nuevas tipologías arquitectónicas, por ejemplo, vernáculo muerto, nativo, contemporáneo y marginal [14]; años más tarde, en 1997, Oliver amplía su definición original, y establece que la arquitectura vernácula es aquella que comprende las viviendas y edificios de la "gente", está directamente relacionada con su contexto ambiental, es construida por los propios usuarios o miembros de la comunidad, y en el proceso de edificación se utilizan los recursos disponibles y las tecnologías tradicionales.

De acuerdo con Oliver, toda arquitectura vernácula es edificada para satisfacer necesidades urgentes y específicas, las cuales son determinadas siguiendo los valores, economías y modos de vida de los grupos culturales que producen el artefacto. La publicación de la *Encyclopedia of Vernacular Architecture of the World*, ayudó a validar los estudios vernáculos dentro del discurso arquitectónico y marcó la diferencia entre la arquitectura vernácula-clásica, vernácula-moderna y vernácula-informal [15]. Ahora bien, el término arquitectura vernácula aparece por primera vez a mediados del siglo XIX, Giles Gilbert Scott lo utilizó en su texto *"Remarks on Gothic Architecture"*, donde el autor fortalece la analogía lingüística que compara el lenguaje utilizado por las élites con la arquitectura académica, mientras que el idioma de las clases populares lo relaciona con el estilo vernáculo en la arquitectura [16]. Para muchos estudiosos del tema, la arquitectura vernácula está directamente vinculada con el concepto de tradición; de acuerdo con el diccionario la palabra tradición viene de latín *tradition* y se le define como la transmisión (de una generación a otra) de noticias, composiciones literarias, doctrinas, ritos, costumbres, entre otros [17].

Nezar AlSayyad explica que lo vernáculo, como adjetivo, dice de características geográficas, socioeconómicas y raciales; el autor señala que en la arquitectura el vocablo se usó para nombrar edificios tradicionales opuestos a la arquitectura clásica académica [18]. Para Henry Glassie la arquitectura tradicional o vernácula, es "material cultural" es decir, que los artefactos vernáculos representan la evidencia física de las sociedades; Glassie señala que la verdadera tradición vernácula está basada en la participación, el compromiso y en una política ética igualitaria; sin embargo, el autor argumenta que la dinámica del mundo moderno propició el quiebre de la relación entre los factores que caracterizan lo vernáculo, cediendo lugar a la ignorancia y el debilitamiento cultural de las sociedades; en esa misma línea de pensamiento, Amos Rapoport establece que el ambiente construido es siempre simbólico, el autor afirma que los paisajes culturales adquieren sentido debido a los rasgos compartidos de una sociedad específica, también aclara que a medida que la tradición se debilita disminuye el grado de las particularidades compartidas. Siguiendo a Rapoport, los procesos modernizadores resultaron en el desdibujamiento de los paisajes culturales, especialmente en las ciudades de mayor escala [19]. Por otra parte, Dell Upton le apuesta a la tradición del cambio, el autor considera que los estudios sobre arquitectura vernácula deberían evitar la búsqueda de la autenticidad perdurable, además señala la necesidad urgente de la inclusión de lo ambiguo e impuro dentro de las investigaciones y discursos sobre arquitectura tradicional; siguiendo a Dell Upton, esto permitiría el ensayo de morfologías multiflexibles, localizadas dentro y fuera del universo de codificación arquitectónica [20].

Al respecto, AlSayyad explica que el lugar (territorio) y la arquitectura no son fenómenos completamente locales, por lo que es necesario reconsiderarlos en el contexto de los flujos globales de personas, bienes e información; el autor señala que las investigaciones sobre arquitectura tradicional deberían partir de la tesis que argumenta que los paisajes híbridos fomentan prácticas multiculturales, las cuales posibilitan la alteridad como forma legítima de identificación [21]. Ahora bien, Fernando Lara señala que la producción del espacio moderno fortaleció la diferencia entre arquitectura culta y popular; el autor analiza los esfuerzos teóricos creados para salvar la distancia entre geografías definidas como contrarias, por ejemplo, el regionalismo crítico de Kenneth Frampton [22], una propuesta que aboga por la combinación de características o tradiciones globales y locales, utilizando el resultado de la mezcla como principio fundamental de diseño arquitectónico. (Fig.1.2)

Lara argumenta que la debilidad del regionalismo crítico consiste en establecer un solo canal de comunicación: del centro hacia la periferia, un acercamiento *neo top-down* que imposibilita el reconocimiento de las geografías del margen, y por lo tanto la negación de su contribución teórica para el ejercicio de la disciplina, así como para la construcción de narrativas históricas. El autor propone un modernismo vernáculo, un modelo de naturaleza híbrida que sigue las pautas de la mimética, es decir, los habitantes de las periferias usan elementos formales de la arquitectura académica, lo cual permite potencializar la influencia del espacio invisibilizado. Lara establece una comparación entre la traza urbana de las ciudades planeadas y los asentamientos periféricos, desvelando la dependencia innegable entre alta y baja arquitectura [23].

Fig. 1.2 Arquitectura moderna: vivienda vertical, Bangkok, Tailandia. Fuente: Fotografía de la autora.

En el 2007 Marcel Vellinga, Paul Oliver y Alexander Bridge publicaron el *Atlas of Vernacular Architecture of the World*; ahí, los autores explican que la arquitectura vernácula, como tema de estudio, ha sido marginada de los grandes intereses académicos; sin embargo, casi la totalidad del ambiente construido pertenece al grupo de los artefactos vernáculos; así, el texto propone entender la arquitectura vernácula a partir del territorio donde esta se produce, es decir, se plantea el análisis de las condiciones de la geografía natural que permiten la creación de la geografía artificial; así se consideran la vegetación y las características del suelo como parte de la materia prima que concretiza el artefacto, por ejemplo, el sistema estructural hecho de bambúes, los muros de tierra, palma o piedra, y la utilización del ladrillo, todos materiales comunes en este tipo de arquitectura.

En el texto se menciona la importancia de las tradiciones particulares de cada lugar, además del sistema económico imperante en la comunidad, también señalan que la arquitectura vernácula utiliza elementos prefabricados, por ejemplo, placas de hierro corrugado, estructuras completas para armar in situ, o tejavanes [24] de madera. Los autores organizan los tipos de arquitectura vernácula a partir de formas geométricas como cubo, cilindro y cono; además de la tipología formal, las viviendas tradicionales pueden ser unifamiliares o comunitarias. Los autores incluyen en el texto un análisis del crecimiento urbano ocurrido durante los últimos dos siglos, y explican que el fenómeno de urbanización surgió a partir de las migraciones masivas campo-ciudad, resultantes del proceso de industrialización; siguiendo la tesis propuesta, el paisaje arquitectónico, construido por los nuevos habitantes urbanos, desvela tradiciones vernáculas que permiten la expresión de la identidad de los migrantes. Así, los autores integran los asentamientos informales al universo de la arquitectura tradicional, y proponen lo neo vernáculo como punto de partida para el diseño de la vivienda social [25].

Urban Informality se publica en el año 2004, el texto es editado por Ananya Roy y Nezar AlSayyad, ahí los autores explican que la informalidad urbana surgió como respuesta a la liberación de la economía mundial y que su manifestación espacial comenzó durante las últimas décadas del siglo XX. Roy y AlSayyad toman el surgimiento del "sector informal" como punto de partida para la discusión de la periferia urbana; señalan que los informales son prestadores de servicios o trabajadores del

Post-arquitectura. Notas sobre geografías invisibles

mercado laboral desprotegido, por ejemplo, pequeños comerciantes, vendedores ambulantes, maleteros, artesanos, mensajeros, barberos, boleros, entre otros; los informales trabajan en las calles de las grandes ciudades del mundo en desarrollo. Los autores explican que la relación entre el sector informal y los pobres urbanos surgió al final de la década de 1970; la representación geográfica de la informalidad fueron los *slums* o asentamientos periféricos [26].

Luis Carranza y Fernando Lara señalan que, después de muchos estudios sobre modernidad en el sur continente, las favelas o *slums* resultaron el origen de la arquitectura moderna en América Latina [27]. De acuerdo con Rafael Soares las favelas surgieron a finales del siglo XIX cuando los soldados regresaron de la guerra y habitaron la parte superior de los cerros de la ciudad de Rio de Janeiro; con el tiempo toda urbanización periférica o asentamiento informal, fue conocido con el nombre de favela. El autor explica que las favelas han sido asociadas con las zonas incivilizadas donde habitan los pobres urbanos, fortaleciendo la idea de la favela como contraria al concepto de ciudad formalmente planeada [28].

Al respecto, Janice Perlman señala que las imágenes negativas hechas sobre las favelas, las traduce como espacios condicionados por la pobreza, la criminalidad y la prostitución; sin embargo, la autora aclara que los favelados han sido pieza clave del sistema económico capitalista, el cual estructura las relaciones urbanas de las principales ciudades del mundo. Siguiendo a Perlman, aunque los espacios-favela resuelven el problema de vivienda de las metrópolis latinoamericanas, en la actualidad siguen siendo considerados zonas marginales [29].

Por otro lado, Asef Bayat señala que una de las mayores consecuencias de la nueva restructuración de la economía global, evidenciada particularmente en los países en vías de desarrollo, ha sido la existencia de un proceso doble, por un lado, la integración a través del consumo y por el otro, la exclusión social y la informalización urbana. Bayat explica que millones de personas que antes dependían del Estado, deben ahora sobrevivir por su propia cuenta; al presentarse una reducción en el presupuesto destinado a los programas sociales, se disminuyó la posibilidad de acceso a una educación decente, servicios de salud, desarrollo urbano y vivienda social; así, la gradual eliminación de los subsidios sobre alimento, tarifas en el transporte colectivo y gasolina, afectaron radicalmente el modo de vida de millones de personas pertenecientes a grupos vulnerables. Para el autor, una de las alternativas que tienen los grupos de excluidos es el *"quiet encroachment"*, concepto que define como la acción dirigida por individuos o familias, no precisamente colectiva, sino extendida, que se usa como estrategia para satisfacer las necesidades básicas de la vida, por ejemplo, adquirir un pedazo de tierra donde construir el refugio, contar con infraestructura urbana, tener trabajo informal, y la oportunidad de uso del espacio público. Bayat concluye que, si bien los pobres que habitan las ciudades pueden ser capaces de obtener lo básico para vivir, la "invasión silenciosa", no les proporciona reconocimiento ciudadano [30]; así, el mundo informal de la ciudad contemporánea existe sin existir.

Como consecuencia lógica de los discursos sobre la otra geografía, gobiernos y arquitectos de los países en vías de desarrollo intentaron resolver el problema de la vivienda de las clases populares, la propuesta más utilizada fue la sustitución de las geografías invisibles (barriadas, villas y favelas) con bloques habitacionales procedentes de modelos comunes en los países industrializados. El resultado de tales aplicaciones no fue lo que se esperaba, ya que los profesionales de la disciplina siguieron los principios establecidos por la arquitectura moderna. Desde sus primeras ideas teóricas, Le Corbusier propuso la construcción de vivienda en serie, el autor abogó por la utilización de las nuevas tecnologías para lograr la casa-máquina: una vivienda de eficiencia funcional, económica y estéticamente moderna [31]. Durante la década de 1930, Hassan Fathy ensayó la construcción de viviendas tradicionales, utilizando ladrillos hechos con los materiales del sitio; Fathy apostó por la participación de la comunidad en los procesos de construcción y diseño, y con esto propuso un modo diferente de hacer arquitectura, uno radicalmente opuesto a los procesos institucionalizados; sin embargo, la mayoría de sus proyectos fracasó debido a la desconfianza de los usuarios y al rechazo a la reubicación territorial [32].

Ante el aumento de geografías periféricas se ensayaron otras opciones de intervención, de las cuales destacan dos: por un lado la construcción de casas unifamiliares basadas en modelos 'espontáneos' y construidos por etapas (autoconstrucción); y por el otro, el mismo concepto de autoconstrucción popular pero dirigida por autoridades administrativas (autoproducción); con el paso del tiempo ambas propuestas se entrelazaron y se propagaron gracias al trabajo del arquitecto John F.C. Turner, quien planteó un proto-sistema de co-diseño, donde los usuarios participan activamente en las distintas fases de la obra; la tesis del autor se fundamenta en que el desarrollo de las comunidades está directamente relacionado con el grado de participación de los habitantes en la toma de decisiones significativas, por ejemplo, de proyecto, administración de recursos y ejecución [33] (Fig. 1.3). Dentro del ejercicio de la arquitectura, la participación ha sido definida como la colaboración entre usuarios, profesionales y autoridades administrativas (gobierno y/o empresa privada), en teoría todos los involucrados persiguen los mismos objetivos, por ejemplo, la producción de vivienda, habilitación de espacio público, e infraestructura urbana para mejora de barrios.

Fig. 1.3 Arquitectura – favela, Monterrey, México.
Fuente: Fotografía de la autora.

Siguiendo a Gustavo Romero *et al*, la participación es un instrumento clave para la construcción de la democracia social, por lo tanto, se fundamenta en el reconocimiento del otro; participar es fusionar dos o más ideas que se tienen de la realidad, los autores explican que en la participación urbano-arquitectónica los roles de los involucrados están más o menos definidos; así, profesionales y técnicos participan con información experta (conocimiento de sistemas constructivos, de diseño, gestión y administración), mientras que los usuarios brindan información de necesidades objetivas y subjetivas. Sin embargo, el éxito de la participación dentro de la planeación urbana o diseño arquitectónico, radica en la utilización de metodologías flexibles que garanticen mayor grado de intervención de los usuarios (integración activa), y no solo sean considerados informantes o consumidores pasivos. De acuerdo con los autores, el proceso de participación resulta equitativo cuando se logran acuerdos colectivos; los diferentes tipos de participación son: oferta-invitación, aquí se considera que el usuario participa porque conoce la información con respecto al proyecto; otro tipo es la consulta, el cual se define como el proceso inicial de participación que utiliza encuestas, entrevistas y foros; participación representativa o por delegación, cuando se selecciona un comité para la toma de decisiones, mientras que la gestión conjunta, es un proceso que establece mecanismos para garantizar la codecisión.

Por otro lado, la participación por autogestión se sucede cuando el mismo usuario se encarga de llevar a cabo sus propias decisiones; mientras que la planeación participativa, se refiere a la redacción conjunta de objetivos y estrategias de acción; el co-diseño es la participación en las decisiones de organización espacial y de las formas del proyecto; y por último, la auto producción es un tipo de participación donde los usuarios efectúan tareas de gestión, administración y mantenimiento [34]. Algunos métodos de diseño participativo que han sido utilizados para la visibilizar las 'otras geografías' son: el *método de soportes*, de John Habraken; el *lenguaje de patrones*, de Christopher Alexander, la *cirugía de casas* planteada por Rodolfo Livingston y el *diseño vernáculo como sistema-modelo*, de Amos Rapoport. La propuesta de Habraken se fundamenta en dos hipótesis: la primera dice que hay mejores resultados si el usuario modifica y adapta la vivienda conforme a sus necesidades; mientras que la segunda establece que es más viable la fabricación industrial de los componentes de la casa, que la edificación total de la misma. Aquí el arquitecto define el esqueleto y las formas exteriores del artefacto, mientras que el habitante decide sobre la distribución de las áreas y la forma del diagrama; por último, el gobierno local resuelve la infraestructura urbana.

Para Habraken el edificio es el sistema de soporte, y las áreas que conforman la vivienda representan unidades separables, las cuales pueden ser manipuladas por los usuarios, siempre dentro de los límites de la estructura-cascarón [35]. Christopher Alexander explica su leguaje de patrones en tres textos, los cuales contienen la teoría de diseño, las instrucciones necesarias para la aplicación del lenguaje, las partes del lenguaje o patrones, y la aplicación del método a un caso práctico. El punto de partida de la propuesta de Alexander es que tanto los artefactos arquitectónicos como las ciudades que los contienen, carecen de sentido a no ser que sean el resultado de la participación colectiva de todos los integrantes de la sociedad; según el autor la clave del co-diseño radica en que las comunidades compartan un lenguaje común. Así, Alexander propone 253 patrones divididos en tres grupos: los que corresponden a la ciudad o comunidad, los que atienden edificios individuales, y finalmente, los patrones que hablan de la construcción y detalles; el autor aclara que este es sólo uno de los posibles lenguajes de diseño participativo, ya que cada uno de los patrones trata problemas espaciales comunes y en ellos se explica la clave de la solución; de esta manera siempre se obtienen respuestas diferentes, debido a que la combinación de patrones construye lenguajes de variaciones infinitas [36].

El método propuesto por Rodolfo Livingston consiste en el trabajo conjunto y directo entre el arquitecto y la familia-usuario-cliente, el autor propone la cirugía de casas en lugar de la intervención arquitectónica convencional, a partir de este cambio de aproximación, el profesional se convierte en arquitecto de la comunidad; la idea que fundamenta la propuesta de Livingston consta de los siguientes principios: el trabajo uno a uno, contrario a la producción masiva de vivienda; la posibilidad de encontrar muchas respuestas para un mismo problema; y la visión del usuario como protagonista de la arquitectura. El autor relaciona la cirugía de casas con el diseño y confección de ropa, así, el proceso se completa en seis etapas: el pacto, primeros datos, ejercicios de creatividad y estudios de factibilidad, presentación ante el usuario, y manual de instrucciones. Siguiendo a Livingston, el manual de instrucciones permite al habitante participar activamente en la modificación de la vivienda, ya que cuenta con esquemas que usan lenguaje coloquial, explicación del proyecto y varias alternativas para la solución de los problemas planteados [37].

Finalmente, Amos Rapoport propone entender la arquitectura vernácula como un organismo vivo, es decir, un sistema de diseño que construye modelos; el autor parte de los procesos de investigación realizados en las ciencias naturales. Así, Rapoport considera que la tipología vernácula es definida por 21 características, las cuales presentan atributos flexibles; con estas herramientas es posible el estudio y clasificación de ambientes tradicionales y asentamientos espontáneos, el autor explica que los atributos permiten el contraste entre la arquitectura de alto estilo y la popular; de esta manera se definen las lecciones por aprender, es decir, las claves de diseño que constituyen el sistema modelo. Rapoport señala que existen dos maneras de diseñar artefactos arquitectónicos, una es la apropiación por copia de elementos formales, mientras que la otra ocurre a partir del análisis de los ambientes seleccionados. El análisis de la arquitectura vernácula incluye aspectos culturales, biosociales y psicológicos, así como las diferentes relaciones que existen entre los seres humanos y los ambientes naturales o artificiales; por último, debe considerarse el efecto que el contexto tiene sobre los individuos que lo habitan. Para el autor, la cultura juega un papel primordial en la comprensión-producción de geografías artificiales, por lo que es a través de la deconstrucción de la cultura local que se garantiza la participación de los usuarios en el proceso de diseño [38].

Como se muestra en párrafos anteriores, los discursos sobre geografías invisibilizadas han sido muchos y variados; desde la otra arquitectura se explican los orígenes de la disciplina, la relación entre espacio y movimientos sociales, y se naturaliza la separación entre binarios, por ejemplo, alta y baja arquitectura, planeado y espontáneo, ciudad y no ciudad. Sin embargo, los esfuerzos de inclusión teórica y aplicación práctica han aumentado la brecha entre lo académico y lo otro, pero ¿cuál es la causa?

De acuerdo con Michael Foucault, el objeto nuclear de toda política es el cuerpo, el autor explica que el cuerpo social es fabricado mediante tecnologías de producción-reproducción, es decir, discursivas sobre sexo, las cuales son diseñadas y distribuidas desde el poder hegemónico. Según Foucault, el siglo XVII fue el inicio del control de los cuerpos a través del uso de las palabras; el autor señala la censura de toda connotación sexual como la primera etapa de los procesos de vigilancia; sin embargo, después de la fase de prohibición, se multiplicaron las narrativas sobre el tema, y entonces tanto los discursos como los contra discursos fortalecieron el ejercicio del poder; Foucault explica que la confesión jugó un papel fundamental en la concreción del sistema-discurso; así, con la exigencia de la descripción detallada de pensamientos e imaginaciones de la carne, se logró la anulación de toda referencia directa. Siguiendo al autor, el lenguaje sexual fue extendiendo sus dominios hasta convertir el deseo en discurso, produciendo efectos variables sobre la conducta humana, por ejemplo, de modificación, desplazamiento y economía o administración del deseo sexual [39].

Foucault señala que, a partir del siglo XVIII, el sistema-discurso adquiere el nombre de sexualidad, dando comienzo a los estudios cuantitativos y racionales, de esta manera se normaliza la generación de datos para la clasificación de tipologías; para el autor la policía del sexo se construye cuando la concepción moral adquiere características científicas, a partir del efecto discursivo se definen reglas y políticas sexuales, las cuales determinan las particularidades del matrimonio, analizan el aumento de la población, establecen instrumentos para el control de la natalidad (técnicas anticonceptivas e investigaciones sobre fertilidad), definen estado civil (hijos legítimos o ilegítimos), además de prácticas sexuales aceptadas y desviaciones. Foucault explica que el sistema-discurso entera a los poderes fácticos de los detalles sexuales de la población; sin embargo, al mismo tiempo, esas discursivas colegiadas producen estrategias de autocontrol en los individuos [40]. Durante los siglos XIX y XX, los correlatos conectan discursos y contra discursos sobre sexo, de este modo se activan múltiples técnicas biopolíticas que permean los cimientos del saber; así, la institucionalización del discurso sexual ocurre a través de la medicina, la justicia, la pedagogía, la psicología, la arquitectura, la economía, la historia, entre otras disciplinas; el autor aclara que la incitación de los discursos crea conductas sexuales polimorfas y reguladas, de esta manera, la obsesión moderna de "contarlo todo" convierte el lenguaje en tecnología de sujeción.

Como correlato, la sexualidad mezcla la confesión y el discurso científico, es la encargada de identificar los comportamientos patológicos, y también de la aplicación de los remedios o correctivos; siguiendo a Foucault, la historia de la sexualidad debe concentrarse en la necesidad función-acción como propiedad intrínseca del discurso, a través del funcionamiento del correlato se produce la verdad que exige ser contada; el autor explica que, con el desarrollo de la ciencias del sujeto, el experto ratifica la verdad conocida, y también revela lo que se desconoce; la relación de saber-poder se convierte en un dispositivo que desvela la compleja red de discursivas sexuales.

Foucault propone invertir la estrategia de aproximación, considerando las tecnologías positivas productoras de conocimiento, ya que es a través de estos discursos que el poder logra que el sexo niegue de sí mismo; el autor señala que a través de la repetición de la lógica de la censura (afirmación de lo anormal, prohibición de la palabra y negación de la patología), se logra la anulación de las referencias sexuales mediante su inserción en la realidad. Foucault aclara que, si bien el discurso es una herramienta biopolítica, también puede desvelar estrategias de resistencia, es decir, posibles rupturas del complejo juego del poder [41]. (Fig. 1.4)

Como parte de los discursos puestos en marcha para definir la verdadera arquitectura están todas las investigaciones sobre el paisaje vernáculo, arquitectura informal o marginada, espacio democrático, y procesos de participación e inclusión; desde finales del siglo XIX, las otras geografías han sido visibilizadas con el secreto propósito de ser borradas. El vínculo entre la arquitectura tradicional y los asentamientos periféricos, así como la contradicción entre artefactos vernáculos y modernos, son relaciones que constituyen las piezas clave de los análisis contemporáneos. La mezcla de los discursos sobre las otras geografías (teorías, historias, descripciones, reportes de aplicación práctica, etcétera) producen correlatos, los cuales establecen la 'verdad que exige ser contada', es decir, que a partir de la definición del espacio patológico se dictan las normas de control y autocontrol del cuerpo social; las soluciones o proyectos de intervención urbano-arquitectónica, incluida la participación y el co-diseño, se convierten en las funciones-acciones del sistema discursivo que explica Foucault.

Fig. 1.4 Lo pos-vernáculo como materialización del correlato, Pereira, Colombia.
Fuente: Fotografía de la autora.

Ahora bien, muchos estudios correlato han sido pensados como contra-discursos, por ejemplo, la conceptualización de la arquitectura vernácula y su clasificación tipológica en rural o urbana; el tipo se define considerando el lugar donde se edifica el artefacto, ya sea ciudad o campo; los estudios más recientes sobre arquitectura vernácula establecen características comunes para ambas modalidades, de las cuales destacan: *La arquitectura vernácula utiliza materiales constructivos de la región o de fácil acceso, los materiales pueden ser prefabricados, industrializados, artesanales, de desperdicio o la combinación de dos o más de ellos; la autoconstrucción y autoproducción son los sistemas dominantes en la edificación de la vivienda; se consideran necesidades o funciones como punto de partida para desarrollo de planes de diseño; la arquitectura vernácula es empírica e incluyente, es decir, utiliza modelos preestablecidos, se nutre del contexto y tiene capacidad de "agregación"; los usuarios participan en el diseño de la vivienda y el proceso constructivo se desarrolla por etapas; las tradiciones culturales constituyen factores determinantes para el uso y organización del espacio vernáculo; como consecuencia de su cualidad de ser incluyente, la arquitectura vernácula incorpora elementos de la arquitectura académica; el espacio público es donde se refuerza la relación con los demás, la solidaridad y el sentido de vivir en comuna* [42]. Las características de las otras geografías se definen a partir del registro de la "realidad", y sin duda contribuyen a la mejor comprensión de las otras geografías [43]; sin embargo, a pesar de la intención de inicio, estas teorías no modificaron el hecho de que el '*bottom*' se siga entendiendo desde el '*up*'.

Otro ejemplo común de contra discurso, y que termina funcionando como correlato, es la utilización de estilos artísticos para empatar las arquitecturas opuestas; aquí la idea de belleza juega un papel fundamental. De acuerdo con Umberto Eco, la belleza es un concepto polisémico, el cual se asocia con cosas agradables y se le relaciona con lo bueno; el autor aclara que la historia de la belleza occidental está fundamentada en obras de arte ya que han sido los "artistas" los que han manifestado su opinión sobre lo bello. La idea de belleza no sólo es relativa según las distintas épocas históricas, sino que incluso en una misma época, y en un mismo país, pueden coexistir diversos ideales estéticos. Siguiendo la propuesta de Eco, se puede decir que la belleza premoderna (Edad Antigua, Edad Media) se caracteriza por el uso de formas visuales perfectas fundamentadas en el Teorema de Pitágoras, así se lograba la proporción y armonía entre las partes; los antiguos griegos utilizaban la belleza apolínea como una pantalla que pretendía ocultar la belleza dionisíaca (belleza alegre y perturbadora que va más allá de las formas aparentes y que es contraria a la razón). Para Heráclito la belleza premoderna consistía en el equilibrio armónico entre dos entidades opuestas y contradictorias entre sí; de esta manera Platón, influido por las matemáticas pitagóricas, establece por primera vez "los cuerpos más perfectos", es decir los poliedros regulares convexos: tetraedro, hexaedro, octaedro, dodecaedro e icosaedro. (Fig. 1.5)

Fig. 1.5 Estructura clásica o la casa como templo, Santiago de Chile.
Fuente: Fotografía de la autora.

Durante la Edad Media el concepto de belleza se fundamentaba en la idea del hombre como representación del cosmos; así, el número adquiere significados basados en correspondencias numéricas y estéticas, al final del período medieval, la belleza será relacionada con la naturaleza, la proporción adecuada, la claridad (luz y color) y el propósito de fabricación del artefacto. En la belleza moderna se registra un retorno al platonismo a través del establecimiento de los poliedros como modelos ideales; durante el Renacimiento, se habla de la sección áurea como proporción divina; la evolución de la teoría renacentista desvela complejas armonías, opuestas a aquellas que consideraban al hombre como centro del universo; así la relación entre belleza y proporción cambia. Durante el siglo XVI, los manieristas se rebelan contra los cánones clásicos y prefieren las formas "dinámicas", la utilización de la figura serpentina (S) es cada vez más frecuente [44]. Poco a poco los pensadores y artistas de la época se fueron interesando por una belleza cada vez más compleja; así, durante el barroco, la belleza se puede expresar a través de lo feo, y se vincula con el contraste, la sorpresa y la exuberancia.

Eco explica que en los siglos XVII y XVIII el concepto de belleza se define a partir de la relación entre opuestos, se considera bello lo barroco y rococó, pero también hay un retorno a la belleza de la armonía y la proporción, la belleza puede ser barroca o neoclásica; el gusto por lo informe e irregular se refleja en una nueva apreciación de las ruinas y se reconsidera la arquitectura gótica. El autor señala que durante el siglo XVIII la reflexión sobre lo bello ya no se concentra en la búsqueda de normas para reconocerlo o crearlo, sino que se priorizan los efectos que produce; lo bello se relaciona con los sentidos, con el reconocimiento del placer, así surge la idea de lo sublime; a partir de la segunda mitad el siglo XIX, comienza la era de la burguesía y con ello la belleza como valor supremo; los burgueses o victorianos imponen principios morales, normas de comportamiento y códigos estéticos para todas las artes, incluyendo la arquitectura; la belleza se caracteriza por principios funcionales como practicidad, eficiencia, solidez y duración.

Las formas bellas que inauguran el siglo XX se logran gracias a los nuevos materiales como el hierro y el cristal, la atmósfera industrial origina la fundación de la *escuela de artes y oficios*, cuyo principio teórico plantea el regreso a la naturaleza como ideal estético; también surge el *art nouveau*, estilo que se caracteriza por la abstracción y la simplificación formal, los elementos más usados son: esquemas geométricos, flores estilizadas, figuras femeninas esbeltas, zigzags y serpentinas [45]. El siglo XX desveló una reacción contra la decoración, proponiendo un nuevo concepto de belleza. De acuerdo con Eco, la idea de belleza orgánica surge tras desbaratar la diferencia entre interior y exterior, en la arquitectura esta tendencia se ve reflejada en el trabajo de Frank Lloyd Wright y de Antonio Gaudí; en el siglo XX se habla con naturalidad de la belleza de las máquinas. Por último, la belleza posmoderna se define desde cánones estéticos contradictorios, aquí quedan incluidos el futurismo, el cubismo, el expresionismo, el surrealismo, el arte informal, entre otros. La belleza del consumo es una belleza comercial difundida por los medios de comunicación de masas; Eco relaciona lo feo con un tipo de belleza kitsch [46]. (Fig. 1.6).

Como se menciona en párrafos anteriores, gracias al sistema discurso, todo artefacto arquitectónico se convierte en tecnología disciplinaria; a partir de algunos esfuerzos bien intencionados, podría pensarse que los contra discursos no sólo desvelan las geografías invisibilizadas, sino que mediante la aproximación opuesta (de la periferia al centro) es posible construir espacios de libertad, y nuevas propuestas para el entendimiento de la arquitectura y la ciudad; sin embargo, aunque los correlatos de resistencia y la participación de los usuarios transforma la arquitectura en un proceso más equitativo, siguen estando al servicio de las instituciones del poder; la democratización de los espacios no ocurre en automático, precisa ser activada. Así, es urgente que las estrategias de diseño participativo evolucionen, por ejemplo, al *hacktivismo*. De acuerdo con los expertos en sistemas computacionales, el avance continuo del internet ha sido gracias a los *hackers*, usuarios informales que no piden permiso para mover los límites y modificar el sistema, algunos de esos usuarios están comprometidos con causas sociales, de ahí se identifica al *hacktivismo* como un movimiento de acción civil.

Fig. 1.6 Lo kitsch como correlato de lo bello,
Monterrey, México.
Fuente: Fotografía de la autora.

Siguiendo a Paul B. Preciado *et al*, el gran reto de los seres humanos que habitan el siglo XXI, es pensar colectivamente nuevas formas, que posibiliten la deconstrucción de las tecnologías encargadas de construir cuerpos y espacios; dentro de estas técnicas biopolíticas se encuentra la arquitectura, específicamente su materialidad, el artefacto arquitectónico representa un marco que oprime los cuerpos, a los que les asigna posición, acciones y reglas de movilidad espacial [47]; así, mientras los esfuerzos estén encaminados a visibilizar el ambiente construido de las periferias, las otras geografías invisibles, las que se construyen a partir de la experiencia, permanecerán fuera de toda discusión. Una vez descubierta la trampa del discurso, quedará evidente la necesidad de invertir la manera de entender la arquitectura, el espacio democrático se relaciona directamente con la expansión de modos de pensar, con las diferentes formas de configuración espacial cotidiana; de esta manera, los cuerpos que usan la arquitectura no son entes pasivos, sino elementos-sistema que conectan los otros elementos, la experiencia de los cuerpos en el espacio se constituye a partir de la superposición de geografías invisibles. La arquitectura-post demanda que los profesionales de la disciplina se transformen en decodificadores, es decir en los primeros *hacktivistas* espaciales.

NOTAS

[1] Vitruvio, *Los diez libros de arquitectura* (Madrid: Alianza Editorial, 1995), 95-96.

[2] Leon Battista Alberti, *De Re Aedificatoria* (Madrid: Ed. Akal, 1991).

[3] Suha Özkan, "Traditionalism and vernacular architecture in the twenty-first century", en *Vernacular architecture in the twenty-first century, Theory, education and practice*, Lindsay Asquith y Marcel Vellinga (eds.), (Nueva York: Taylor & Francis Group, 2006), 101.

[4] Marc-Antoine Laugier, *Ensayo sobre la arquitectura* (España: Ediciones AKAL, 1999).

[5] Frederic Engels, "Contribución al problema de la vivienda", en *Marx & En-*

gels, *Obras Escogidas*, Tomo II, (Moscú: Editorial Progreso, 1980) acceso el 19 de septiembre de 2020, https://www.marxists.org/espanol/m-e/1870s/vivienda/index.htm

[6] Pierre-Joseph Proudhon fue un filósofo francés contrario al pensamiento marxista.

[7] Engels, "Contribución al problema de la vivienda", primera parte.

[8] Ibíd, cap. I.

[9] Sybil Moholy-Nagy, *Native Genius in Anonymous Architecture in North America* (Nueva York: Horizon Books, 1957)

[10] Paul Oliver, *Dwellings: The Vernacular House Worldwide* (Nueva York: Phaidon Press, 2003), 11.

[11] Bernard Rudofsky, *Architecture without architects* (Nueva York: Doubleday, 1954).

[12] Amos Rapoport, *Vivienda y Cultura* (Barcelona: Gustavo Gili, 1972).

[13] Amos Rapoport, "Vernacular design as a model system", en *Vernacular architecture in the twenty-first century, Theory, education and practice*, Lindsay Asquith y Marcel Vellinga (eds.), (Nueva York: Taylor & Francis Group, 2006), 179-198.

[14] Paul Oliver, *Cobijo y Sociedad* (Madrid: Blume, 1978).

[15] Paul Oliver, *Encyclopedia of Vernacular Architecture of the World* (Cambridge: Cambridge University Press, 1997).

[16] Oliver, *Dwellings, 12.*

[17] Oxford English Dictionary, acceso el 14 febrero de 2018, www.oed.com

[18] Nezar AlSayyad, *Traditions: The 'Real', the Hyper, and the Virtual in the Built Environment* (Londres: Ed. Routledge, 2014), 63-64.

[19] Nezar AlSayyad, *The end of tradition?* (Londres: Ed. Routledge, 2004), 8-9.

[20] Dell Upton, "The Tradition of Change", en *Traditional Dwellings and Settlements Review* 5/1, Otoño 1993, 9-15.

[21] Nezar AlSayyad, *Hybrid Urbanism. On the Identity Discourse and the Built Environment* (California, USA: Praeger Publishers, 2001), 4,5.

[22] En 1983 Keneth Frampton propone el "regionalismo crítico" como una forma de resistencia arquitectónica, en donde el arquitecto académico prioriza las características del lugar, actitud contraria a los principios dogmáticos de la arquitectura moderna; así el autor forma parte del movimiento de arquitectura posmoderna.

[23] Fernando Lara, *Excepcionalidad del modernismo brasileño* (Sao Paulo/ Austin: Romano Guerra/ Nhamerica Platform, 2019), 72-97.

[24] La palabra se refiere a una construcción rústica de madera con techo de lámina o teja.

[25] Marcel Vellinga, Paul Oliver y Alexander Bridge, Atlas of Vernacular Architecture of the World (Nueva York: Ed. Routledge, 2007).

[26] Nezar AlSayyad, "Urban Informality as a New Way of Life", en *Urban Informality: Transnational Perspectives from de Middle East, Latin America, and South Asia* Ananya Roy y Nezar AlSayyad (eds.) (Maryland: Lexington Books, 2004), 7-30.

[27] Luis Carranza y Fernando Lara, *Modern Architecture in Latin America. Art, Technology and Utopia* (Austin TX: The University of Texas Press, 2014), 329-332.

[28] Rafael Soares Gonçalves, *Favelas de Río de Janeiro: historia y derecho* (Colombia: Editorial Pontificia Universidad Javeriana, 2018, Edición Kindle).

[29] Janice Perlman, *Favela. Four Decades of Living on the Edge in Rio de Janeiro* (Nueva York: Oxford University Press, 2010, Edición Kindle).

[30] Asef Bayat, "Globalization and the Politics of the Informals in the Global South" en *Urban Informality: Transnational Perspectives from de Middle East, Latin America, and South Asia* Ananya Roy y Nezar AlSayyad (eds.) (Maryland: Lexington Books, 2004), 79-102.

[31] Le Corbusier, *Hacia una Arquitectura* (España: Editorial Apóstrofe, 1998), 27-28.

[32] **Özkan**, "Traditionalism and vernacular architecture in the twenty-first century", 104-107.

[33] Leonardo Benévolo, *Historia de la arquitectura moderna* (Barcelona: Editorial Gustavo Gili, 2005), 1030-1031.

[34] Gustavo Romero, Rosendo Mesías, Mariana Enet, et al, *La participación en el diseño urbano y arquitectónico en la producción social del hábitat* (México: CYTED, 2004), 35-37.

[35] John Habraken, *El diseño de soportes* (Barcelona: Editorial Gustavo Gili, 2000).

[36] Christopher Alexander, Sara Ishikawa, Murray Silverstein, *Un lenguaje de patrones. Ciudades Edificios, Construcciones* (Barcelona: Editorial Gustavo Gili, 1980), 9-11.

[37] Rodolfo Livingston, *Cirugía de casas* (Buenos Aires: Kliczkowski Publisher, 2007).

[38] Rapoport, "Vernacular design as a model system", 179-198.

[39] Michel Foucault, *Historia de la sexualidad 1. La voluntad del saber* (México: siglo XXI editores, 2011, Edición Kindle), 181-203.

[40] Ibíd, 348-391.

[41] Ibíd, 569-625.

[42] Diana Maldonado, "Modelo para la clasificación de la arquitectura a partir de sus componentes básicos" (tesis doctoral, Universidad Nacional Autónoma de México. UNAM, 2007), 152, http://132.248.9.195/pd2008/0623696/Index.html

[43] Diana Maldonado, "¿Arquitectura vernácula urbana?" en Arquitextos, São Paulo, año 13, n. 154.01, Vitruvius, (2013): https://vitruvius.com.br/index.php/revistas/read/arquitextos/13.154/4664

[44] Umberto Eco, *Historia de la Belleza* (Italia: Editorial Lumen, 2004), 55-66, 90-96.

[45] Ibíd, 381-394.

[46] Ibíd, cap. XVII.

[47] "Democracy in transition: Freedom, Art, and Cooperative Action in the Fourth Industrial Revolution", acceso el 20 de Agosto de 2020, https://www.youtube.com/watch?v=p1g01eFWei4

Capítulo 2

¿Qué es la arquitectura?

Desde los primeros tratados la arquitectura ha sido definida a través de elementos característicos y por lo general se le considera un proceso de relaciones estables, el cual se materializa en edificios de uso humano. Según el diccionario, la palabra arquitectura también refiere al método estilístico que une formas, detalles de adorno y aspectos estructurales [1]. A partir del análisis crítico de teorías espaciales conocidas, este capítulo propone una zona abierta para la reapropiación de discursos oficiales, y así la construcción de nuevos lenguajes *post-arquitectura*. Las diferentes tesis se organizan en cuatro períodos: premodernidad, hasta el siglo XVI; modernidad [2], del siglo XVI hasta la primera mitad del siglo XX; posmodernidad, de la segunda mitad del siglo XX hasta el siglo XXI; e hiper-posmodernidad [3], primeras décadas del siglo XXI [4]. El proceso de selección de teorías fue aleatorio, de esta manera pueden ser sustituidas por otras voces, el único requisito es que las ideas incorporadas hayan tenido influencia global en el análisis, enseñanza, y diseño del espacio social y sus materializaciones.

La teoría premoderna inicia con *De Architectura* [5], texto escrito por Vitruvio entre los años 30 y 20 a.C [6]. El tratado vitruviano ordena el legado de los antiguos constructores, establece las propiedades del fenómeno arquitectónico, así como la distribución espacial de los artefactos y las características necesarias para el ejercicio profesional. Vitruvio entiende la arquitectura como una ciencia mayor, un conjunto de saberes a modo de instrucciones, que sirven para comprender las diferentes expresiones artísticas que producen una obra determinada. El autor también señala algunos rasgos convenientes para la práctica de la arquitectura como por ejemplo, poseer una educación adecuada, tener habilidad para el dibujo y la geometría, conocer de filosofía, música, jurisprudencia y medicina, y ser experto en astrología y los movimientos del cosmos. Vitruvio considera que la arquitectura se define a partir de la relación entre *lo significado*, es decir el tema que se corresponde con el uso y el carácter del artefacto; y lo *significante*, la conceptualización basada en argumentos científicos y teóricos, aquí el autor propone la consideración de la luz (entendida como elemento), las escuelas filosóficas y las características del contexto; lo *significante* también incluye cálculos matemáticos para determinar el costo monetario del artefacto, además de la cantidad de material para su construcción.

Vitruvio establece la ordenación, la disposición, la euritmia, la simetría, el ornamento y la distribución como elementos fundamentales de la arquitectura; para el autor la simetría y la proporción son características comunes a todos los componentes. A partir de la deconstrucción de la teoría vitruviana, se puede decir que la relación entre las partes configura y reconfigura un sistema complejo, el cual se fortalece mediante las particularidades de las conexiones hechas; así la ordenación se define como la justa proporción de resultado simétrico, y es regulada por la cantidad y disposición de unidades arquitectónicas; la disposición depende de la calidad de los elementos utilizados para equilibrar el conjunto, de ahí que existan tres clases de disposición: planta, alzado y perspectiva (volumen); la euritmia es la forma resultante del objeto a partir de la simetría y proporción de los elementos restantes; el ornamento es el conjunto de relaciones que garantizan la disposición correcta de las partes (euritmia); la distribución consiste en la gestión apropiada de materiales y su ordenación en el sitio; por último, los costos deben ser proporcionados con respecto al significado-significante de la obra. Para Vitruvio los elementos se definen a través de tres aspectos esenciales de la arquitectura: la construcción o planeación urbano-arquitectónica, la medición del tiempo a través de la trayectoria solar (gnomónica) y la mecánica o tecnologías de edificación.

El autor divide el proceso de construcción de los artefactos en dos grupos, el primero está relacionado con el acomodo de murallas y obras en lugares públicos, como pueden ser torres, portalones, templos, santuarios sagrados, puertos, foros, teatros, baños públicos, entre otros; mientras que a la segunda parte concierne el tratamiento de edificios privados (vivienda) [7]. A partir de elementos y partes, Vitruvio instaura la belleza, la utilidad y la firmeza como aspectos característicos de la arquitectura. En el texto, el autor trata las estructuras de los edificios estableciendo reglas de organización para definir los órdenes clásicos [8]: toscano, dórico, jónico y corintio. La aplicación de los órdenes está directamente relacionada con el uso, carácter y estilo de cada artefacto; siguiendo la propuesta vitruviana, las formas resultantes definen clases y tipologías arquitectónicas, considerando el número de columnas y la distancia entre cada una de ellas, así se habla de edificios in antis, próstilos, anfipróstilos, perípteros, pseudodípteros, dípteros e hípetros; además de templo picnóstilo, sístilo, diástilo, areóstilo o éustilo [9]. Vitruvio también habla de condiciones climáticas, jerarquías sociales, tipos de recubrimientos; de la importancia del agua en el diseño arquitectónico, de la tecnología de las máquinas y la ciencia del cosmos.

En el año 1485 se publica *De Re Aedificatoria* [10], texto escrito por Leon Battista Alberti. Siguiendo a Vitruvio, Alberti divide su texto en diez capítulos en los que, a través de la reflexión de la tradición arquitectónica clásica, establece principios universales para la producción de edificios; la propuesta de Alberti influyó considerablemente en la teoría y práctica de la arquitectura posterior, generando un lenguaje compartido, así como normas de construcción que durarán hasta el siglo XVIII. De acuerdo con el autor, la arquitectura se sitúa en el lugar más elevado de los valores humanos, ya que la considera el único medio a través del cual el hombre puede obtener consuelo y salvación; Alberti explica que la arquitectura es un sistema ordenador del cosmos y sobre todo un instrumento que garantiza el funcionamiento de la sociedad; según el autor, la arquitectura usa principios morales y éticos para que los poderes políticos y económicos trabajen por el bien común, es decir, por el cumplimiento de la democracia; el texto propone la ciudad existente como punto de partida para la producción arquitectónica; así, la ciudad es entendida como una totalidad formada por diferentes arquitecturas.

Para Alberti la relación entre la idea ciudad y ambiente construido representa la base para la creación del espacio urbano. El autor propone entender la arquitectura como un organismo vivo; desde esta perspectiva, cada edificio representa un tipo distinto de cuerpo, así, esta materialidad proyectada mantiene un doble diálogo: con las partes que la conforman y con la naturaleza circundante; para Alberti, la organización ideal del artefacto arquitectónico se logra a partir de la relación entre la estructura (sistema), el espacio interior, el adorno exterior, la forma (entendida como la personalidad o espíritu) y la geografía natural. Alberti explica que los profesionales de la disciplina necesitan conocimientos metodológicos para la aplicación de la teoría, así como dominio de técnicas constructivas y criterios estructurales; además, saberes de estética y entendimiento de actividades útiles o funciones de uso [11]. *De Re Aedificatoria* propone una idea de arquitectura fundamentada en tres niveles básicos: *necessitas, comoditas* y *voluptas*. El autor explica 'la necesidad' como una teoría general de la construcción y la relación de ésta con formas y materiales; también define 'la comodidad' a partir de los usos de los edificios, diferenciando áreas públicas de zonas privadas; por último, Alberti precisa 'lo placentero' desde la idea de belleza orgánica y los elementos de ornamentación, por ejemplo, los órdenes clásicos donde el autor incluye el orden compuesto.

En *De Re Aedificatoria* se establecen seis principios que son característicos del diseño y construcción de la obra arquitectónica, los elementos propuestos son: la región, la superficie (relacionada con el medio físico), el plano, las paredes, los techos y las aberturas o huecos. Con su tesis, Alberti construye un sistema universal de producción del objeto, que evoluciona de la satisfacción de necesidades elementales como refugio, seguridad y salud; luego la búsqueda de confort; y por último el ensayo de atmósferas bellas y placenteras [12] (Fig. 2.1).

Las reflexiones sobre el espacio moderno escritas por Eugène Emmanuel Viollet-le-Duc comenzaron a publicarse a partir de 1843; de los libros sobre arquitectura destacan: diez diccionarios de arquitectura francesa, los cuales fueron publicados de 1854 a 1868; dos textos con entrevistas escritas en 1863 y 1872 respectivamente; y una historiografía de la habitación humana presentada al público en 1875. Para la definición de su propuesta teórica, Viollet-le-Duc utilizó los principios constructivos y formales característicos de la arquitectura gótica, el enunciado de punto de partida del autor fue la racionalidad de todas las formas.

Fig. 2.1 El discurso vitruviano en la arquitectura monumental, ejemplo en Londres, Inglaterra.
Fuente: Fotografía de la autora.

De los artefactos analizados, Viollet-le-Duc destacó la combinación de dos sistemas de edificación, por un lado la estructura *trilito* [13] desarrollada por los griegos, y por otro, la bóveda romana; dicha mezcla derivó en lo que el autor llamó 'equilibrio activo'; su teoría estructural se basa en un conjunto de fuerzas dinámicas: los elementos de soporte (columnas, arcos, contrafuertes, bóvedas) no solo trabajan a la compresión o empuje, sino como un sistema donde actúan cargas verticales y fuerzas oblicuas; para el autor la expresión formal de la arquitectura surge de la técnica estructural [14]. Viollet-le-Duc explica que en el proceso de producción arquitectónica intervienen aspectos teóricos y prácticos; para el autor, la teoría espacial está relacionada con principios absolutos derivados del arte, la ciencia y la tradición; así, la practicidad se refiere a la aplicación de conceptos para la atención de necesidades vinculadas con la idea de habitar [15]; además de la relación teoría-práctica, Viollet-le-Duc considera las propiedades de los materiales, la naturaleza y el contexto cultural, como aspectos relevantes en la producción de la arquitectura.

Siguiendo esta tesis inicial, la forma final del proceso arquitectónico es determinada por las propiedades funcionales de los materiales constructivos; así, la figura resultante expresa el trabajo de soporte; el autor señala que es necesario que la escala, la proporción y la ornamentación sean parte de la estructura del edificio, esto con el propósito de garantizar relaciones armónicas y significados claros. Desde esta perspectiva, el diseño arquitectónico evoluciona según la depuración progresiva de las necesidades de inicio, es decir, del refinamiento del programa arquitectónico, por ejemplo, Viollet-le-Duc explica la vivienda analizando las áreas de uso que la conforman [16]. Fiel a su propuesta racionalista, el autor señala que el arquitecto debe ser educado tanto en la ingeniería como en el arte [17].

Las ideas estéticas de John Ruskin están basadas en aspectos como la naturaleza, el sentimiento, la moral, la religión y la sociabilidad, a los que el autor considera rasgos característicos del arte; después de su etapa critico-estética, Ruskin realiza obra social relacionada con la arquitectura, la cual incluye la financiación de viviendas "modelo" para obreros, ensayos de divulgación, lineamientos para restauración de fábricas, entre otros. A partir de 1843 comienza a publicar sus reflexiones sobre arte y edificaciones. *Las siete lámparas de la arquitectura* es la propuesta espacial más conocida de Ruskin; ahí se establecen el sacrificio, la verdad, el poder, la belleza, la vida, la memoria, y la obediencia como los espíritus que animan la disciplina (elementos). En la 'lámpara del sacrificio', Ruskin define la arquitectura como herramienta artística para disposición y adorno de usos y necesidades; el autor delimita la verdad señalando las falsedades existentes dentro del ejercicio arquitectónico, las cuales divide en tres grupos: estéticas (relacionados con el adorno), estructurales y de recubrimiento; siguiendo a Ruskin, los recursos de estas "mentiras" van desde detalles pictóricos para imitación de materiales y elementos de soporte, hasta la utilización de adornos fabricados en serie [18]. En el capítulo, la 'lámpara del poder', el autor valida la relación entre ambiente construido y el poder religioso, gubernamental y económico, y aclara que dicha correspondencia se sucede desde los primeros centros cívicos de las ciudades-estado. Para Ruskin los artefactos arquitectónicos que quedan en la memoria son aquellos que, además de ser bellos, expresan *poder espiritual*; así, muchas veces, la materialidad de la arquitectura construye los recuerdos más vívidos; el autor explica que el poder espacial se expresa a través de la escala monumental, la cual se logra mediante el trabajo conjunto entre percepción, dimensiones, propiedades de los materiales y geografía natural.

Ruskin señala que la belleza arquitectónica existe cuando se le relaciona con la naturaleza orgánica. En 'la lámpara de la vida', el autor vincula la sustancia de la arquitectura con la fuerza vital de creación [19]; mientras que en el capítulo la 'lámpara de la obediencia', plantea la necesidad de seguir los cánones establecidos por la academia, y la relación de estos con el fortalecimiento de la identidad nacional [20]. Ruskin amplía sus primeras concepciones arquitectónicas al transformar el problema artístico en problema social; el autor relaciona la arquitectura con los diferentes aspectos que constituyen la actividad humana, y propone reconocer la arquitectura en función de sus atributos sociales. En su última etapa Ruskin coloca la arquitectura como patrimonio colectivo [21] (Fig. 2.2). Le Corbusier es considerado uno de los máximos exponentes de la arquitectura moderna y, por lo tanto, uno de los personajes más influyentes del siglo XX; sus reflexiones comenzaron a publicarse en 1912, en sus primeros textos la arquitectura es definida como la percepción volumétrica creada a partir del juego dinámico entre luz y condiciones geográficas [22]. La propuesta teórica de Le Corbusier puede separarse en cuatro bloques cronológicos: la casa como máquina para vivir, los cinco puntos para el diseño de una nueva arquitectura, el *modulor*, y finalmente, las propuestas de intervención urbanística.

Fig. 2.2 La técnica de lo pos-gótico, Barcelona, España
Fuente: Fotografía de la autora.

En 1920 Le Corbusier propone entender la vivienda como artefacto para habitar, el autor explica que esta idea permite reubicar al hombre en el centro de la preocupación arquitectónica; así, la casa-máquina se convierte en el emblema de la civilización industrial. De acuerdo con Le Corbusier, la nueva arquitectura tiene que ser práctica, tecnológica y funcional; los elementos formales de la vivienda-máquina comparten características estéticas con productos industriales, aeroplanos, barcos y automóviles; la concepción de la casa mecánica está directamente relacionada con el módulo habitacional producido en serie y construido a gran escala [23].

En 1926 el autor establece cinco puntos fundamentales para el diseño de la nueva arquitectura: *pilotis*, terraza-jardín, planta libre, ventana longitudinal y fachada libre; la innovación de la tesis de Le Corbusier consiste en la vinculación de las partes con tecnologías constructivas derivadas del hormigón armado; esta propuesta representó un cambio radical en la manera en la que se pensaba y construía el espacio habitable, los *pilotis* permitieron elevar la vivienda, evitando las áreas húmedas y oscuras, admitiendo la propuesta de áreas ajardinadas localizadas en el basamento del artefacto arquitectónico; la *terreza-jardín*, fue consecuencia de la utilización del techo plano, ya que la forma de la cubierta, en combinación con la ingeniería hidráulica, resulta en un sistema de desagües internos; el uso de concreto y acero en los elementos de soporte, permitió la eliminación de muros cargadores al interior del espacio, así la planta arquitectónica y la fachada quedaron liberadas [24].

En 1947, el autor presenta "*Le Modulor*", una herramienta pensada para facilitar el diseño en serie y la producción de la nueva arquitectura, el *Modulor* propone la estandarización de dimensiones y con ello la normalización de actividades y áreas en todas las tipologías de la arquitectura moderna; así, se difunde un método de diseño basado en la proporción y simetrías del movimiento controlado de los cuerpos (ciertos cuerpos) en el espacio de la escala humana [25]. En cuanto a las propuestas urbanísticas de Le Corbusier, se pueden mencionar los proyectos de ciudades ideales o modernas, por ejemplo, *une ville contemporaine* y la *ville radiuese*; la visión urbana del autor incluye la consideración de número de habitantes (densidad), trazado simétrico, calles ortogonales y diagonales, arquitectura vertical y monumental, zonificación del uso del territorio, entre otros; Le Corbusier organiza los edificios en tres grupos: rascacielos cruciformes, ubicados en el centro de la ciudad; casas de seis pisos en la zona intermedia y villas en la periferia [25]. El autor sugiere la sustitución de los órdenes clásicos de la arquitectura (toscano, dórico, jónico, corintio y compuesto) por el clima, el sitio, la escala, la circulación interior-exterior del edificio, así como la técnica, la proporción y la intención [27] (¿elementos?).

Las teorías posmodernas sobre el fenómeno espacial son iniciadas por Bruno Zevi, quien en el año de 1948 publica *Saber ver la arquitectura*; ahí el autor critica la utilización de términos imprecisos con los que comúnmente se define la disciplina; señala que al usar palabras como movimiento, vitalidad, verdad, fuerza, vacío, escala, armonía, proporción, luz, ritmo, carácter, personalidad, entre otros, se velan los valores reales-reales de los artefactos arquitectónicos; Zevi condiciona el empleo de la ambigüedad teórica al reconocimiento del atributo principal de la arquitectura: el espacio interior. El autor explica que vivir las tres dimensiones, es decir, moverse dentro del artefacto, es lo que distingue la disciplina de otras artes; así, la arquitectura surge de la interacción del hombre con el espacio contenido y producido dentro del objeto. A partir de esta tesis, Zevi integra el tiempo o cuarta dimensión como elemento básico de las reflexiones urbano-arquitectónicas; de acuerdo con el autor, las dimensiones del espacio arquitectónico pueden ser infinitas. Zevi reconoce que el fenómeno de la experiencia de la arquitectura incluye una pluralidad de aspectos, por ejemplo, aspectos sociales, funcionales, técnicos, económicos, espacio-temporales, decorativos, entre otros [28].

Con el texto *Complejidad y Contradicción en la Arquitectura*, Robert Venturi intenta establecer una visión de la disciplina contraria a la "arquitectura pura" expuesta por Le Corbusier; para Venturi, la arquitectura es compleja por el hecho de incluir los principios vitruvianos de belleza, utilidad y firmeza, ya que las necesidades, la dimensión y la escala fueron cambiando hasta llegar a ser diametralmente opuestas a las consideradas por la arquitectura de la Edad Antigua. Así, el autor apuesta por una arquitectura de contradicciones y dificultades, y replantea el proceso dialéctico validando una arquitectura que integra desde la exclusión [29]. Venturi establece seis elementos del espacio social posmoderno: la doble función, vinculada a características híbridas y aspectos de uso; lo uno y lo otro, es decir significados dobles; diagonales excepcionales; cosas en cosas; espacios residuales o redundantes; el foco múltiple y la yuxtaposición [30]. En 1972 se publica *Aprendiendo de Las Vegas*, texto escrito por Robert Venturi, Denise Scott Brown y Steven Izenour; los autores refuerzan la teoría de la arquitectura como disciplina compleja y contradictoria; señalan que ser arquitecto revolucionario consiste en aprender del paisaje existente, y desde esa tesis proponen repensar los conceptos tradicionales establecidos por la arquitectura moderna; de esta manera, integran al discurso espacial las propuestas de la arquitectura primitiva, industrial y vernácula comercial [31].

Aprendiendo de Las Vegas desvela el artefacto arquitectónico como un sistema de comunicación, donde estilos y signos crean enlaces con otros elementos, los cuales pueden ser materiales o intangibles; los autores proponen la construcción de la imagen mental de la arquitectura combinando tres puntos de observación-experiencia: interior, exterior, y desde el automóvil en movimiento. A partir del análisis del *strip* de Las Vegas, Venturi *et al*, definen dos tipos de edificios: el pato y el tinglado decorado: el pato se da cuando el artefacto resulta en una figura simbólica única, que "ahoga" el resto de los elementos formales; en el tinglado decorado el espacio y la estructura están al servicio del programa; así, la apariencia exterior del edificio (combinación de formas) se aplica independientemente de ellos [32]. Los autores apuestan por el simbolismo *kitsch* [33] como la herramienta personalizadora del artefacto arquitectónico [34]. (Fig. 2.3)

En el año de 1975 Rem Koolhaas funda el despacho de arquitectura OMA (*Office for Metropolitan Architecture*), y en 1978 publica su primer texto, un manifiesto sobre el espacio urbano. Koolhaas define la arquitectura como una profesión peligrosa, ya que en ella se mezclan sentimientos contradictorios; de acuerdo con el autor, el arquitecto depende de las instituciones públicas, los usuarios y los inversionistas privados, para concretizar sus proyectos. Koolhaas agrega que la arquitectura fue eclipsada por las ciudades y que ahora se tiene que pensar en términos urbanos, es decir que, para el autor, la arquitectura es metropolitana, lo que significa un importante cambio de escala y la consideración del tema de la congestión como punto de partida para la comprensión y diseño del espacio social [35]. Siguiendo la tesis de Koolhaas, en la arquitectura metropolitana la escala es mutante y presenta cuatro características, la primera de ellas es el conjunto de formas volumétricas de tamaño monumental; Koolhaas explica que el aumento de la distancia entre el centro y el perímetro del artefacto resulta en una desvinculación entre interior y exterior, dando como resultado que la apariencia externa del edificio ya no comunique nada de lo que pasa dentro del inmueble; la segunda característica de la arquitectura metropolitana es la autonomía de los elementos espaciales; la tercera, el uso, casi obligado, del ascensor; por último, la cuarta característica es la arquitectura-masa y la influencia que esta tiene en la capacidad de impresionar (percepción-forma-poder).

Fig. 2.3 Edificio con piel *pop* en Tokio Japón
Fuente: Fotografía de la autora.

Para escribir el manifiesto de la congestión espacial, Koolhaas utiliza la isla de Manhattan y a partir de ahí establece la hiper-densidad, el ascensor, los rascacielos y el parque temático como condiciones o elementos del espacio metropolitano [36]. Así, el autor propone el concepto de "ciudad genérica" para referirse al fenómeno urbano-arquitectónico que se da como consecuencia de la globalización; de acuerdo con Koolhaas, la ciudad genérica es la ciudad sin historia, o la de todas las historias juntas, la que se construye multicéntrica y rebasa los 10 millones de habitantes; la ciudad genérica no puede medirse, por lo tanto, vuelve obsoletos tanto el planeamiento metropolitano como la tipología arquitectónica tradicional [37]. Koolhaas piensa la arquitectura en términos urbanos, en ese contexto, las características principales del artefacto son la súper escala, conexiones internas de flujos ordenados, la importancia del vacío sobre la materia, y el tema de la congestión; para el autor, el contexto socioeconómico contemporáneo y los avances tecnológicos se vuelven factores determinantes para el ejercicio de la disciplina [38]. Recientemente, en el año 2014 Koolhaas publica el texto *Elements*, donde propone volver a los orígenes de la arquitectura a través de 15 elementos clave para su producción: piso, muro, techo, techumbre, puerta, ventana, fachada, balcón, corredor-pasillo, chimenea, cuarto de baño, escaleras, escaleras mecánicas, elevador y rampas [39].

Aunque desfasado cronológicamente, *La production de l'espace* juega un papel fundamental en la teoría hiper-posmoderna, el texto fue escrito por Henri Lefebvre y publicado en 1974. Siguiendo la propuesta del autor, el espacio de la escala humana es el resultado de los modos de producción de una sociedad determinada; de esta manera, el espacio social es simultáneamente producto y productor. Lefebvre explica que el espacio se produce a partir de la relación dialéctica de tres momentos o direcciones: lo *percibido*, lo *concebido* y lo *vivido*. Lo *percibido* se refiere a la materialidad de las redes de interacción de la vida diaria, esas redes constituyen la práctica del espacio [40]; la percepción del espacio solo puede sucederse a partir de la construcción mental del mismo; así, Lefebvre define lo *concebido* desde las representaciones espaciales que se alimentan de códigos socioculturales; la información obtenida del sistema de códigos se somete a un proceso de negociación y análisis, las modificaciones resultantes dependerán del contexto político específico.

El autor señala que dentro de las representaciones espaciales habrán de considerarse descripciones, teorías, discursos, mapas, proyectos arquitectónicos, y planes de desarrollo urbano; las representaciones del espacio son datos expresados en imágenes y signos. La tercera dirección del espacio social se refiere a lo *vivido* cotidianamente; Lefebvre explica que a partir de lo vivido se construyen espacios sígnico-simbólicos que modifican la práctica espacial y sus representaciones. La teoría espacial de Lefebvre se fundamenta en una escala tridireccional que revoluciona la producción material hecha desde espacios híbridos con significantes múltiples; a partir de esta perspectiva, el espacio de la escala humana es un tejido hecho de conexiones flexibles [41]. El autor señala que la producción/ reproducción del espacio ocurre en el tiempo del quehacer diario, ya que es a través de la acumulación de momentos surgidos del trabajo, deseos, placeres, subproductos, logros, medios y fines, lo que permite la construcción del territorio para la realización de lo posible (experiencia espacial) [42]. Desde la propuesta *lefebvriana*, el artefacto arquitectónico constituye solo un aspecto del fenómeno espacial.

A partir de lo escrito por Lefebvre, Edward Soja publica *Third Space. Journeys to Los Angeles and Other Real-and-Imagined Places*, en el texto el autor plantea la comprensión del fenómeno espacial a través de la consideración, no solo de la materialidad arquitectónica y los pensamientos que se tienen sobre esta, sino que propone la inclusión de "la otredad" o Tercer Espacio; así, Soja transforma la dialéctica de la triplicidad en procesos trialécticos para explicar la espacialidad del ser; el humano es gracias a la relación que existe entre lo social, lo espacial y lo histórico; de esta manera el autor reivindica la fuerza de la espacialidad más allá de la función escénica con que usualmente se entiende. Para Soja, el fenómeno socioespacial está constituido por capas territoriales o niveles, que resultan de las conexiones entre los momentos *lefebvrianos* [43]. De acuerdo con Soja, el *primer espacio* permite la comprensión del fenómeno urbano-arquitectónico como un paquete de prácticas espaciales que trabajan en conjunto para producir y reproducir las formas concretas con que se percibe la realidad; desde el *primer espacio* es posible la generación de una base de datos, así como la obtención de información geográfica exacta. Siguiendo al autor, el *segundo espacio* se concentra en las representaciones, aquí la materialidad de las prácticas espaciales es comprendida a través del pensamiento; así, mientras que las perspectivas primero-espaciales son objetivas y enfatizan la materialidad del espacio, el enfoque segundo-espacial está relacionado con las imágenes concebidas. Por último, el *tercer espacio* incorpora las perspectivas materiales-reales e imaginadas, mientras que al mismo tiempo abre la esfera de acción y une la compleja virtualidad geográfica y/o espacial. Soja apunta que la "otredad" o *tercer espacio* abarca un complicado sistema de símbolos algunas veces codificados, otras no; un espacio donde se combina lo real, lo virtual y lo imaginado, permitiendo la recuperación de espacios perdidos [44] (Fig. 2.4).

De acuerdo con Rob Shields, los espacios virtuales son característicos del fenómeno espacial; el autor señala que lo virtual se define como cualquier cosa que es en efecto o esencia, pero no real-real; dentro del universo de la virtualidad se encuentran los sueños y las memorias. Shields explica que lo virtual puede entenderse como un mapa que simula materialidades, cuerpos y experiencias, y que el conjunto de representaciones termina sustituyendo la realidad; siguiendo al autor, el uso del espacio virtual se encuentra desde las primeras expresiones arquitectónicas gracias a las pinturas rupestres; luego, en la arquitectura barroca se utilizaron espejos, murales en bóvedas y columnas en diagonal para crear entornos virtuales en movimiento [45]. Shields aclara que los recuerdos de experiencias espaciales acumulados en la mente humana, posibilitan la construcción de espacios virtuales-reales [46].

Fig. 2.4 La arquitectura de la ciudad como fetiche moderno y arte-objeto, ejemplo en Los Angeles California
Fuente: Fotografía de la autora.

En *Spatial Questions*, Shields propone entender el espacio-tiempo como formas de coordinación social que expresan experiencias humanas con respecto a la acción de habitar; de acuerdo con el autor la teoría de la relatividad general, propuesta por Albert Einstein, permitió pensar muchos espacios coexistiendo en un gran espacio (galaxia), y con ello el desarrollo de la historia del planeta [47]; Shields explica que las historias espaciales que "forman" la historia del mundo, son construidas de manera distinta, ya que dependen del contexto desde donde son dichas; así, la percepción del espacio de la escala humana trasciende el ambiente construido. Según el autor, la clave para la comprensión del fenómeno urbano-arquitectónico radica en el proceso de espacialización; siguiendo la propuesta teórica de Lefebvre, Shields parte el performance de la vida cotidiana para explicar las geografías periféricas o invisibles; a partir de usos, actividades, y representaciones se caracteriza el espacio, así se habla de lugares seguros, románticos, contaminados, desconocidos, cálidos, aburridos, entre otros adjetivos [48]. Para el autor los procesos de espacialización topologizan las geografías naturales y artificiales (arquitectura), desvelando capas o espacios de segunda naturaleza que modifican la intención material del artefacto arquitectónico (primera naturaleza). Para Shields, esta creación de espacios sobre espacios se logra a través de una compleja red espacio-social, que conecta lugares sobrecodificados e interrelacionados vía la esquematización de tipos de arquitectura [49].

Gloria Jean Watkins, conocida como bell hooks, es una escritora feminista afroamericana, considerada un referente en los discursos sobre marginalidad, espacio social y ambiente construido. En 1984, bell hooks publica *Feminist Theory: From Margin to Center* [50], donde habla de experiencias espaciales vividas desde la frontera; en sus ensayos, bell hooks abarca geografías cercanas y distantes; la autora entiende el cuerpo como la primera casa, así conversa con su hermana sobre la negrura de los espacios donde vivieron sus ancestros, y cómo desde los espacios oscuros redefinieron la luz; bell hooks compara la sombra de aquellos cuartos con el color de su piel, a la que percibe como su propia habitación lóbrega; es desde esa primera geografía invisible que la autora entiende y define la belleza. En su texto titulado *Yearning: Race, Gender, and Cultural Politics*, bell hooks señala la casa de su abuela, Baba, como el punto de partida para la comprensión de organizaciones espaciales, y la relación de estas con la formación de la identidad; de acuerdo con bell hooks, Baba sabía la importancia del acomodo de los objetos para significar la casa y así construir subjetividades. bell hooks creció en habitaciones llenas de cosas coloridas y superpuestas; el espacio hiper-híbrido le permitió reconocerse, la casa de la abuela se convirtió en el espejo donde la sombra era luz y todo cobraba sentido; la autora entendió que la geografía de la segunda escala (espacio interior) tenía más poder que el de la geografía de la primera escala (materialidad arquitectónica) [51]; bell hooks elige el margen y propone aprovechar el doble cruce que caracteriza a los habitantes frontera; para la autora sólo desde un punto geográfico descentralizado, es posible tener experiencias espaciales simultáneas adentro-afuera.

Hablando de posiciones descentradas, Paul B. Preciado explica que los primeros pacientes norteamericanos diagnosticados con VIH (Virus de la Inmunodeficiencia Humana), organizaron un movimiento de resistencia para descubrir el contenido de los medicamentos que se estaban tomando como parte del tratamiento para combatir la enfermedad; el autor señala que aquellos pacientes resolvieron "abrir la píldora", actuaron como *hackers* y decidieron cuestionar lo que se suponía inamovible; así, desde la conciencia y el cuestionamiento, se apropiaron de la tecnología que los determinaba como seres humanos. En este sentido, Audrey Tang señala la importancia del conocimiento de las tecnologías dominantes, para poder revertir la intención biopolítica de las mismas; tanto Preciado como Tang defienden la necesidad de conocer los códigos tecnológicos para poder actuar políticamente y de esta manera, inventar usos alternativos. Entonces se podría decir que todas las teorías arquitectónicas descritas en párrafos anteriores representan la píldora discursiva desde donde se construye el espacio que controla los cuerpos humanos [52].

Ahora bien, siguiendo la lógica *foucaultiana* sobre discurso, poder y resistencia, las voces post-arquitectura podrían construirse a partir de la apropiación del discurso dominante; así, al 'al abrir la píldora' se podría decir que Vitruvio define la arquitectura a partir de tres ideas esenciales: belleza, utilidad y firmeza, las cuales son configuradas por la conexión entre elementos primarios, secundarios y terciarios; los elementos se enlazan mediante relaciones dialécticas entre significados y significantes. Elementos primarios como construcción o planeación, trayectoria solar y tecnología, establecen los nodos para la red general de arquitectura. La red subsecuente está constituida por elementos secundarios; así, la ordenación resulta en formas simétricas que permiten entender la euritmia como elemento abierto; la euritmia desvela relaciones equilibradas entre detalles de ornamentación, estas subredes formales son definidas por la disposición de unidades arquitectónicas o elementos terciarios (pedestales, columnas, entablamentos, frontones, remates, tipos de edificios, órdenes clásicos; planta, alzado, volumen, etcétera); a partir de la disposición de elementos se obtiene la distribución o sistema estructural del artefacto. (Fig. 2.5)

Sobre las nuevas redes vitruvianas se pueden registrar las diferentes tesis arquitectónicas explicadas en este documento, la variación de las redes "origen" desvelará la cualidad transitoria del fenómeno espacial, así como la reconstrucción constante del discurso oficial: Alberti considera las partes esenciales del artefacto es decir, la necesidad, la comodidad y el placer, como la base o estructura del proceso constructivo; el autor propone la región, el medio físico, el plano, las paredes, los techos y las aberturas como elementos fundamentales del fenómeno espacial.

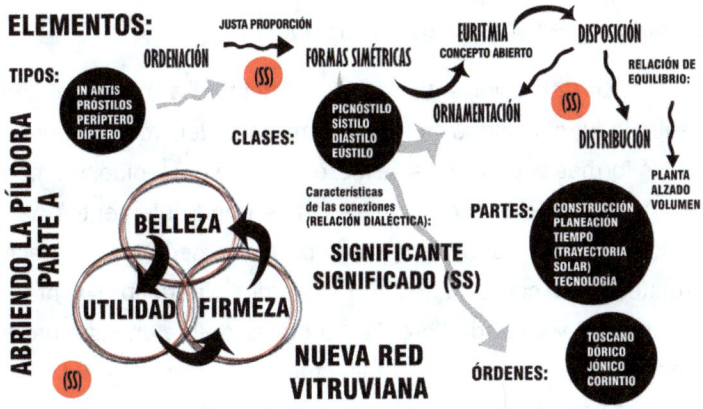

Fig. 2.5 Reapropiación del discurso parte A;
lenguaje post-arquitectura.
Fuente: Elaboración de la autora

Para Alberti, el ejercicio de la arquitectura abarca la materialidad y su entorno, es decir, el edificio y la ciudad. Viollet-le-Duc entiende la arquitectura a partir de la geografía física; así, propone como elementos las propiedades de los materiales, las características del sitio, las costumbres de un período histórico, las necesidades traducidas en funciones y usos requeridos, el ornamento, además la belleza representada en la forma arquitectónica, y los sistemas estructurales; como características arquitectónicas Viollet-le-Duc considera la demostración de la relación teoría-práctica, resultado de la utilización de un método y las formas funcionales fundamentadas en la tecnología. Para Ruskin las partes sustanciales de la arquitectura son las formas bellas y su vinculación con elementos naturales; las necesidades materiales e inmateriales del ser humano; los elementos de soporte y las propiedades de los materiales constructivos; la no utilización de la máquina en la manufactura de ornatos; el valor social de la arquitectura; y la consideración de ésta como patrimonio de todos los seres humanos.

Le Corbusier entiende la arquitectura a través del concepto de funcionalidad o eficiencia máxima, del orden, la pureza de las formas geométricas, la luz, el espacio contenido, y la consideración del sitio y el clima; además brinda elementos para la comprensión de la disciplina y para el diseño del artefacto arquitectónico como pilotes, terraza-jardín, planta libre, ventana longitudinal y fachada libre. Le Corbusier define un sistema de medidas relación hombre-arquitectura como modelo de diseño, también propone la rampa para el recorrido del espacio interior del artefacto (imagen mental); la tesis *le corbusiana* modifica la tipología, al agregar los conjuntos habitacionales como característica de la ciudad moderna; así, la casa-máquina se consolida como el nuevo tipo de vivienda suburbana construida en serie.

Para Le Corbusier, dentro de los elementos de diseño quedan incluidos la densidad, el trazado simétrico, los ángulos rectos, la zonificación de uso de espacio y la arquitectura monumental. Mientras que Zevi establece la materialidad del artefacto (3D), como determinante del espacio exterior e interior; así, la tridimensionalidad es contenedora de un espacio de infinitas dimensiones. De acuerdo con Venturi el resultado final del proceso arquitectónico son formas complejas ligadas al contexto; así, desde la teoría posmoderna, el autor propone como características arquitectónicas la ambigüedad, la escala flexible, la congestión-densidad, y la importancia de la experiencia espacial, desde donde se construyen espacios invisibles y/o invisibilizados. En su propuesta individual los elementos se definen a partir de espacios residuales, multifuncionales y superposición de significados; y como parte de sus investigaciones colectivas se desprende la definición de la arquitectura a escala del automóvil, y lo vernáculo comercial-urbano. Koolhaas entiende la arquitectura desde la ciudad; así, considera como características del espacio social la hiper-densidad, el multicentro, la tipología flexible (arquitectura temática), el congestionamiento, la organización espacial a través de flujos y conexiones, la importancia del vacío sobre la materia, los avances tecnológicos, y la realidad virtual. Además, Koolhaas establece elementos esenciales para la materialización arquitectónica, por ejemplo: piso, muro, techo, puertas, ventanas, fachada, balcón, corredor-pasillo, chimenea, cuarto de baño, escaleras, elevador y rampas. (Fig. 2.6)

Desde otras disciplinas también se construyen tesis espaciales, las cuales brindan herramientas distintas para entender el fenómeno arquitectónico, por ejemplo, bell hooks propone el cuerpo humano como la primera casa, compara las antiguas habitaciones de sus ancestros con el color de su piel, es desde esa primera geografía que bell hooks entiende la belleza; bell hooks define el margen como lugar flexible y centro deconstruido. Lefebvre propone una teoría holística del espacio social, donde el cuerpo juega un papel fundamental para la producción espacial; a partir de "la triple" (práctica, representación y espacios de representación) el espacio adquiere una escala dimensional que revoluciona la materialidad arquitectónica. Desde la perspectiva lefebvriana, el espacio es un tejido hecho de múltiples conexiones que se reconstruye continuamente. Por último, Shields argumenta que las historias que explican la geografía artificial son construidas a partir de la comprensión del performance de la vida cotidiana, de esta manera, los artefactos arquitectónicos son percibidos y recordados según la superposición de segundas naturalezas o topologías.

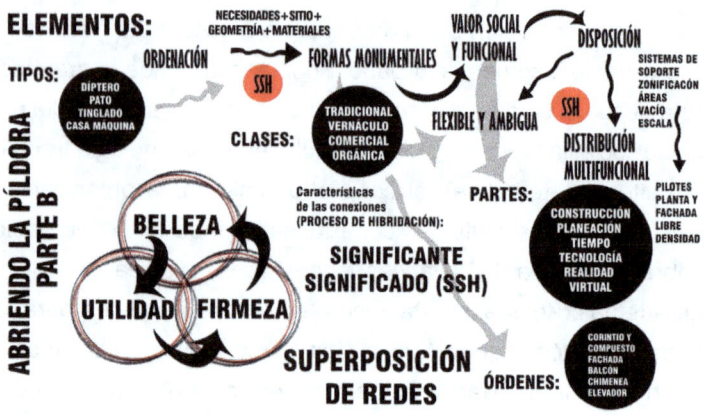

Fig. 2.6 Reapropiación del discurso parte B;
superposición de teorías arquitectónicas.
Fuente: Elaboración de la autora.

Deconstruir los discursos que han significado el fenómeno espacial, incluido el artefacto arquitectónico, parece urgente; desde las voces post, la arquitectura se separa de su previa concepción, centrada en la materialidad del artefacto, y se convierte en un hipertexto abierto y topológico, cuyas múltiples interpretaciones se fundamentan en la conexión de elementos y experiencias espaciales. Así se puede decir que la producción de geografías artificiales comienza a partir de la consideración de necesidades que representan usos sígnicos, los cuales definen actividades que posibilitan la formación de complejos simbólicos, y que están presentes durante todo el proceso de producción espacial; necesidades, usos y actividades son elementos relacionados con las posibles funciones a realizarse en el artefacto arquitectónico.

El plan para la materialización geográfica se piensa en

tres dimensiones y se sucede por el trabajo simultáneo de cuatro esferas conceptuales: funciones, sistemas estructurales, formas y geo-espacios; las esferas conceptuales se definen a partir de la conexión de elementos particulares, sociales y de concreción. Ahora bien, la geografía artificial sólo adquiere sentido desde la experiencia humana, y esta experiencia espacio-social se vuelve significativa gracias a la memoria; de esta manera se desvelan otras muchas posibilidades de configuración espacial. (Fig. 2.7)

Fig. 2.7 El artefacto arquitectónico como territorio,
y la experiencia como pieza clave del fenómeno espacial.
Fuente: Elaboración de la autora.

El performance cotidiano de los cuerpos crea y recrea geo-espacios, por lo que la materialidad arquitectónica (territorio) sufre afectaciones virtuales que modifican topológicamente la realidad física del artefacto; los geo-espacios creados mezclan las dos escalas de la materialidad arquitectónica [53]. A partir de abrir las píldoras discursivas, por ejemplo, la historia,

Post-arquitectura. Notas sobre geografías invisibles

la teoría y la materialización de estas, se desvela la arquitectura como tecnología de control; la propuesta de este documento es abrir el código epistemológico que fundamenta la producción arquitectónica, generando conexiones promiscuas [54] entre elementos como punto de partida para la resignificación espacial.

NOTAS

[1] OED. *Oxford English Dictionary*, (2018). http://www.oed.com/

[2] Marshall Berman, *Todo lo sólido se desvanece en el aire. La experiencia de la modernidad* (México: siglo veintiuno editores, 1988), 2-3.

[3] Para efectos de este documento, la hiper-posmodernidad es el período en el que las prácticas posmodernas (deconstrucción, tecnología, multimedia, organización en redes, simulación, virtualidad real cotidiana, superposición de espacios de lugares-flujos, etcétera) se presentan de manera exagerada; en la era hiper-posmoderna cada práctica definida en el período anterior se repite en un proceso abierto de sustitución donde la "realidad" se reconstruye todos los días.

[4] La producción teórica de Henri Lefebvre se sucede entre 1947 y 1981; sin embargo, sus aportaciones sobre el espacio social son conocidas en América hasta finales del siglo XX. Las tesis de Lefebvre son sin duda el gran referente para la comprensión del fenómeno urbano-arquitectónico contemporáneo.

[5] Vitruvio, *Los diez libros de arquitectura* (Madrid: Alianza Editorial, 1995).

[6] Stephan Trüby, "Elements of Architecture an Introduction", en *Elements of Architecture*, ed. Rem Koolhaas (Eslovaquia: Taschen, 2018), LVI-LXVIII.

[7] Vitruvio, *Los diez libros de arquitectura*, 59-75.

[8] Los órdenes griegos son tres: dórico, jónico y corintio; el toscano y el compuesto (forma imperial del orden corintio) son aportaciones de la arquitectura romana.

[9] Vitruvio, *Los diez libros de arquitectura*, 137-140.

[10] Leon Battista Alberti, *De Re Aedificatoria* (Madrid: Ed. Akal, 1991).

[11] Ibíd, 23-35.

[12] Ibíd, 85-113.

[13] El sistema estructural trilítico o trilito, es aquel compuesto por tres elementos, dos verticales que sostienen el horizontal (viga).

[14] Renato De Fusco, *La Idea de arquitectura* (Barcelona: Ed. G.Gili, 1976), 15-23.

[15] M. F. Hearn, ed., *The Architectural Theory of Viollet-le-Duc. Reading and Commentary* (Massachusetts: Ed. MIT Press, 1990), 11-24.

[16] Eugene-Emmanuel Viollet-le-Duc, *Historia de la habitación humana* (Buenos Aires: Editorial Victor Leur, 1945).

[17] Hearn, ed., *The Architectural Theory of Viollet-le-Duc,* 119-125.

[18] John Ruskin, *Las siete lámparas de arquitectura* (México: Ediciones Coyoacán, 1996), 17-26, 39.

[19] Ibíd, 69-73, 95-96.

[20] Ibíd, 133, 159, 177-180.

[21] De Fusco, *La Idea de arquitectura,* 30-37.

[22] Le Corbusier, *Hacia una Arquitectura* (España: Editorial Apóstrofe, 1998), 29.

[23] Le Corbusier, *Mensaje a los estudiantes de Arquitectura,* (Buenos Aires: Editorial Infinito, 2008), 22-33.

[24] W. Boesiger, H. Girsberger, eds., *Le Corbusier 1910-65* (Barcelona: Editorial Gustavo Gili, 1994), 44.

[25] Ibíd, 290-293.

[26] Leonardo Benevolo, *Historia de la arquitectura moderna* (España: G. Gili., 2005), 545-549 .

[27] Le Corbusier, *Mensaje a los estudiantes de Arquitectura,* 69.

[28] Bruno Zevi, *Saber ver la arquitectura* (Buenos Aires: Ed. Poseidón, 1958), 12-19.

[29] Robert Venturi, *Complejidad y contradicción en la arquitectura*, (Barcelona: Ed. G.G., 1982), 25-35.

[30] Ibíd, 53-67, 85-113.

[31] Robert Venturi et al., *Aprendiendo de las Vegas. El simbolismo olvidado de la forma arquitectónica* (Barcelona: Ed. G.Gili, 2006), 26-34.

[32] Ibíd, 115-129.

[33] Umberto Eco, *Historia de la Fealdad* (Italia: Lumen, 2007), 394.

[34] Venturi et al., *Aprendiendo de las Vegas*, 159-163.

[35] Rem Koolhaas, *Conversaciones con estudiantes* (Barcelona: Editorial Gustavo Gili., 2006), 89-122.

[36] Rem Koolhaas, *Delirio de Nueva York* (Barcelona: Editorial Gustavo Gili., 2004), 29-45.

[37] Rem Koolhaas, *Ciudad Genérica* (Barcelona: Editorial Gustavo Gili, 2006), 31-42.

[38] Ibíd, 61-65.

[39] Rem Koolhaas, ed., *Elements of Architecture* (Eslovaquia: Taschen, 2018).

[40] Henri Lefebvre, *La producción del espacio* (España: Capitán Swing, 2013), 65-83.

[41] Ibíd, 100-124.

[42] Henri Lefebvre, *Everyday Life in the Modern World* (Nueva York: Harper and Row, 1972), 14-25.

[43] Edward Soja, *Thirdspace: Journeys to Los Angeles and Other Real-and-Imagined Places* (Massachusetts: Blackwell, 2012), 60-63.

[44] Ibíd, 71-82.

[45] Rob Shields, *The Virtual* (Nueva York: Routledge. Taylor & Francis Group, 2003), 5-14.

[46] Ibíd, 25-27.

[47] Rob Shields, *Spatial Questions. Cultural Topologies and Social Spatialisa-*

tions (Los Angeles, California: Sage, 2013), 65-68.

[48] Ibíd, 20-25, 30-34.

[49] Ibíd, 127-134.

[50] bell hooks, *Feminist Theory: From Margin to Center* (Nueva York: Routledge, 2015, Edición Kindle).

[51] bell hooks, *Yearning: Race, Gender, and Cultural Politics* (Nueva York: Routledge, 2015, Edición Kindle), 103-107.

[52] "Democracy in transition: Freedom, Art, and Cooperative Action in the Fourth Industrial Revolution", acceso el 20 de Agosto de 2020, https://www.youtube.com/watch?v=p1g01eFWei4

[53] Dentro del ambiente construido se pueden distinguir dos tipos de escala; aquí llamaremos arquitectura de la primera escala, al espacio producido al interior del artefacto; y arquitectura de la segunda escala, al espacio exterior.

[54] En lenguaje computacional el *"promiscous mode"* se refiere a un modo de operación que permite la entrada y lectura de cualquier paquete de red que así lo solicite. También se usa para mostrar toda la información que circula por la red.

Capítulo 3

Esferas conceptuales y elementos

El pensamiento en elementos se origina con la tesis vitruviana que define la arquitectura a partir de la belleza, la utilidad y la firmeza; de acuerdo con Stephan Trüby [1] la primera teoría sistémica fundamentada en elementos aparece en el año de 1103 d.C, este primer manual de normas establece códigos, estéticos y funcionales, para la ordenación arquitectónica de las ciudades gobernadas por la dinastía Song [2]; el autor explica que durante la edad media se escribieron algunos compendios de reglas constructivas; sin embargo, fue hasta el siglo XV que Alberti establece elementos fundamentales, por ejemplo, la región, la superficie, el plano, las paredes, los techos y las aberturas, todos ellos partes útiles para la configuración de cualquier tipo de arquitectura; de esta manera el muro se convirtió en el elemento principal de los edificios renacentistas. Siguiendo a Trüby, el pensamiento en elementos se formaliza con el tratado de arquitectura escrito por Sebastiano Serlio en el año de 1537; *Los siete libros de arquitectura* inician con una gráfica que agrupa los órdenes clásicos como toscano, dórico, jónico, corintio y compuesto, y a partir de ahí se consolida el alfabeto arquitectónico que dominará los discursos sobre el fenómeno espacial hasta el siglo XIX.

Estos esfuerzos teóricos alcanzaron su punto máximo con el trabajo de Gottfried Semper, quien propuso una taxonomía de la arquitectura utilizando cuatro elementos: hogar, relacionado con el fuego y el arte cerámico; cerramientos o muros, entendidos como textiles; techo, vinculado a la carpintería; y por último el suelo, definido por materiales naturales como tierra o piedra [3]. De acuerdo con Trüby, el siglo XX propone una variante a la tesis fundamentada en partes, así, en 1928, Le Corbusier plantea los cinco puntos para el diseño de la arquitectura: pilotes, planta y fachada libre, ventanas alargadas, y, por último, terraza jardín; estos elementos funcionaron como códigos de construcción y punto de partida teórico para el desarrollo de la nueva arquitectura [4]. A partir de la segunda mitad del siglo XX surgieron las teorías arquitectónicas posmodernas, Christopher Alexander propone 253 patrones o elementos, los cuales pueden organizarse como lenguaje o mapa de diseño para geografías de la primera y segunda escala. Las estrategias planteadas por Alexander están encaminadas a recuperar el poder de la participación del usuario en el quehacer urbano-arquitectónico [5]. Para Trüby las teorías basadas en elementos fueron fundamentales para la definición de la arquitectura contemporánea; sin embargo, el autor aclara que para actualizar el pensamiento espacio-elemental, además de lo mencionado, es necesario considerar las regulaciones gubernamentales, la tecnología, y los recursos económicos disponibles [6].

Enrico Tedeschi considera que la complejidad del ejercicio arquitectónico radica en la relación de los elementos que la constituyen; el autor establece seis grupos de elementos: medio físico, el cual incluye condiciones geográficas, vegetación, clima y paisaje; elementos de formas y funciones, donde se agrupan dimensiones, usos, áreas, relaciones y principios de geometría; elementos de psicología y percepción espacial es decir, ruidos, luz, colores, mobiliario, escala y signos; elementos sociales que integran actividades, programas, tipologías, contexto cultural y simbólico; elementos técnicos, constructivos y económicos; y finalmente elementos plásticos, donde se consideran formas, escala y proporción. Siguiendo la propuesta del autor, las aproximaciones a la arquitectura se dan desde la naturaleza, la sociedad y el arte. Para Tedeschi los artefactos arquitectónicos pueden deconstruirse en uso físico, social, y psicológico; a partir del uso físico se descubren áreas para desarrollo de actividades, diagramas de relaciones, redes de ingeniería y atmósferas espaciales; el uso psicológico designa áreas públicas y privadas, selecciona formas y elementos sígnico-simbólicos que brindan sensaciones espaciales relacionadas con seguridad y protección; mientras que el uso social integra todas las capas encontradas durante el proceso de deconstrucción [7]. De acuerdo con Armando Flores para que un objeto arquitectónico sea considerado como tal, es necesaria la conjunción de seis elementos básicos: forma, estructura, ornato, espacio, función y estilo, el autor explica que los primeros tres son materiales y los segundos, inmateriales; siguiendo esta tesis, los componentes arquitectónicos se relacionan jerárquicamente, así el predominio de uno u otro define el carácter del artefacto.

Flores explica que la forma surge de la estructura y es contenedora del ornato; estructura, forma y ornato envuelven el espacio y la función arquitectónica; el estilo es el resultado de este sistema de relaciones. El autor propone el estudio del ambiente construido a partir del ornato, al que define como el aspecto visible de la arquitectura [8]. La teoría de Tedeschi ofrece redes de elementos desde donde se conectan la naturaleza y la esfera sociocultural; el autor entiende el artefacto arquitectónico como mediador entre distintas geografías y escalas espaciales; así la experiencia arquitectónica parte del uso y consta de tres capas o dimensiones: física, social y psicológica; desde esta perspectiva el uso no afecta las relaciones espaciales, tampoco la materialidad de la arquitectura. Por otro lado, la propuesta de Flores acierta al establecer elementos comunes para todos los artefactos que constituyen el universo arquitectónico, gracias a su generalidad, su propuesta representa una herramienta teórica significativa para la comprensión primera de la disciplina; sin embargo, al concentrarse en el ornato para la explicación de los demás elementos, prioriza la visualidad, es decir el conocimiento inmediato de la materialidad física de la arquitectura, y al hacer esto, resta importancia a las variables constituyentes de la experiencia espacial.

Como ya quedó dicho en el capítulo anterior, la arquitectura surge a partir de necesidades que arrojan usos sígnicos y determinan actividades; los usos espaciales están directamente relacionados con funciones primarias y secundarias; ahora bien, además de las funciones, el proceso de creación-análisis requiere la presencia simultánea de otras esferas conceptuales como sistemas estructurales, formas y espacios. La expresión material de la teoría se define a partir de complejas redes de elementos; los elementos pueden ser divididos en particulares, de concreción y socioculturales. Los significados de inicio evolucionan a partir de la experiencia, es decir, surgen 'funciones secundarias' que se manifiestan simbólicamente mediante mapas topológicos de conexión variable; al conectarse, los elementos se modifican entre sí; de esta manera, los elementos de la arquitectura siempre están en proceso de reconstrucción. Las esferas conceptuales constituyen un aspecto importante dentro de la epistemología arquitectónica, y forman parte de los planes de enseñanza de la disciplina; la clave para su comprensión es entenderlas como una sola sustancia teórica a través de la conexión de elementos:

Siguiendo a Paul Frankl [9], la arquitectura ocurre cuando se incorpora la dimensión temporal al proceso de percepción del espacio; el autor explica que, a través de recorridos interiores y exteriores (experiencia), se construye una imagen espacial única, en el proceso de construcción mental queda incluida la materialidad arquitectónica; la imagen resultante combina todas las representaciones parciales del edificio; para Frankl, la arquitectura existe gracias a la imagen creada de la relación entre espacio, cuerpo, luz y artefacto; además el autor establece categorías de análisis espacial como estructuras o esquemas formales, relación masa-superficie, efectos ópticos, contexto social y geometría tridimensional. Los conceptos de belleza y estética están directamente relacionados con las formas geométricas, para Christian Norberg-Schulz existen tres organizaciones formales basadas en la idea de masa, espacio y superficie; el autor define las formas-masa como toda figura tridimensional definida, mientras que las formas espaciales están determinadas por las superficies limítrofes del cuerpo masa; también habla de estructuras formales entre las que se mencionan grupos, hileras y recintos. Norberg-Schulz propone el estilo arquitectónico como concepto formal dominante [10]. (Fig. 3.1)

Desde de Vitruvio, las funciones se han considerado parte de los aspectos característicos de la arquitectura, y desde entonces se les vincula con la utilidad, la belleza y la firmeza [11]. En el siglo XX, las funciones espaciales se convirtieron en protagonistas del proceso de producción y diseño. Para Edward De Zurko existe una relación directa entre la idea de uso y el concepto de belleza, el autor explica que las funciones arquitectónicas comúnmente se corresponden con las necesidades prácticas del usuario, De Zurko aclara que las funciones pueden ser objetivas, pero también subjetivas; la combinación de tipos de función arquitectónica construye la concepción general del artefacto, el autor menciona que las funciones del espacio social pueden simular operaciones técnicas, ideales éticos o aspectos de la naturaleza; así se puede hablar de arquitectura mecánica, moral y orgánica [12]. José Villagrán García propone cuatro elementos o valores (útiles, lógicos, estéticos y sociales) como punto de partida para entender el fenómeno arquitectónico; para el autor las funciones de un edificio están relacionadas con las formas espaciales ya que dichas formas están subordinadas al programa arquitectónico de necesidades. Villagrán García propone diferentes tipos de funciones como las distributivas, defensivas y las mecánicas de resistencia [13].

Fig. 3.1 Muro-soporte, muro celosía y
geo espacio en Seúl, Corea.
Fuente: Fotografía de la autora.

Para Forrest Wilson la arquitectura combina la forma externa, el espacio interno, la estructura y el material; de esta manera construir es un acto de armonía en el cual el arquitecto aplica las leyes de la estructura contra la fuerza de gravedad; Wilson señala que las medidas de las estructuras y los recursos de medición, están basados en el cuerpo humano, el cual representa una compleja coordinación estructural configurada por sistemas de tirantes, un sistema neumático y de músculos extendidos sobre el esqueleto. Para el autor, la función principal de los sistemas estructurales es la de mantener el edifico en pie, y agrega que las estructuras deben ser lo suficientemente fuertes para resistir las presiones del viento, el choque de las olas, las bombas sónicas, vibraciones, el impacto físico y los temblores; las estructuras arquitectónicas son diseñadas para emergencias más que para condiciones normales [14]. Por otro lado, Sandaker *et al*, organizan los artefactos arquitectónicos a partir de elementos estructurales como vigas, columnas, arcos, membranas, cables y marcos; los autores consideran que existe un dualismo estructural dividido en funciones técnicas y estéticas; el objetivo de las estructuras con función técnica es sostener el inmueble, mantenerlo libre de desplomes y alteraciones excesivas.

Sandaker *et al* explican que las estructuras con función estética potencian el significado visual de las formas, aquí el sistema estructural se convierte en parte de la expresión arquitectónica; los autores proponen la comprensión y diseño de estructuras a partir de la consideración de fuerzas, cargas, escalas y materiales [15]. Wucius Wong organiza los elementos arquitectónicos en cuatro grupos: conceptuales, visuales, de relación y constructivos. Dentro de los elementos conceptuales quedan el punto, la línea, el plano y el volumen; mientras que la apariencia, la unidad, el tamaño, el color y la textura son considerados elementos visuales; como parte de los elementos de relación Wong cita la posición, el espacio y la gravedad; por último, el autor explica que los elementos de construcción son aquellos que tienen cualidades estructurales, lo que les permite definir las formas geométricas [16]. Christian Norberg-Schulz apunta que la clave para entender el espacio arquitectónico es considerarlo una concretización del espacio existencial, el cual define como un conjunto sistematizado de imágenes o esquemas que se encuentran en el ambiente; el autor distingue cinco tipos de espacio: el pragmático, el perceptivo, el existencial, el cognitivo y el espacio abstracto, siguiendo al autor el espacio arquitectónico está ubicado, junto con el abstracto, en la cúspide del listado.

Norberg-Schulz explica que el interés espacial del ser humano proviene de una necesidad de conseguir relaciones que lo conecten con el ambiente circundante, y así establecer control entre acontecimientos y acciones [17]. Sigfried Giedion propone tres edades o concepciones del espacio: el espacio exterior, el interior y el exterior- interior. La primera concepción del espacio es el espacio exterior y el ejemplo más claro que da el autor es Grecia; la segunda edad del espacio o el espacio interior alcanza su punto máximo con las cúpulas romanas, y la tercera concepción del espacio, el espacio interior-exterior, surge de la herencia de las dos primeras concepciones; para Giedion, las posibilidades constructivas de los nuevos materiales como hierro, cristal, entre otros, dieron como resultado que el ser humano pudiera experimentar el exterior desde un espacio arquitectónico cerrado [18]. Al considerar las formas, funciones, estructuras y geo-espacios como una sustancia teórica abierta, se desvela la clave para la comprensión y diseño del ambiente construido; los artefactos arquitectónicos configuran la geografía artificial de primera escala, y así surgen los distintos territorios para que el fenómeno espacial se suceda. Las esferas conceptuales son multiformes y están determinadas por las conexiones entre elementos particulares, de concreción y socioculturales; a continuación, se presentan algunos aspectos teóricos que conceptualizan la arquitectura:

De las formas arquitectónicas se puede decir que el lenguaje geométrico es el más usado; además que el ornamento constituye un subelemento estético y que las formas generales de los artefactos se definen a partir de la superposición de figuras y abstracciones. Así, en la geografía artificial se pueden encontrar formas volumétricas, de superficie y lineales; dentro de los volúmenes se encuentran los poliedros, la esfera, el cono y el cilindro; hay poliedros regulares como el tetraedro, exaedro, octaedro, dodecaedro e icosaedro, e irregulares entre los que se encuentran los prismas, los cuales pueden ser rectos, oblicuos y truncados, y se nombran de acuerdo con las características de sus bases. Las formas de superficie están representadas por polígonos; mientras que las formas lineales pueden ser rectas, curvas o quebradas. La apariencia formal del artefacto puede ser monolítica, convexa, cóncava y de masa perforada; algunos ornatos figurativos simbolizan elementos estructurales, por ejemplo, pilastras, antas, jambaje y columnas cromáticas.

Siguiendo a Luria [19], en el proceso de percepción formal, la experiencia anterior es determinante ya que el ser humano selecciona las imágenes que percibe y las refiere a determinadas categorías generales; de la experiencia con el objeto se obtiene información sobre las formas, por ejemplo, caja de cerillos rectangular o plato redondo. De esta manera se puede explicar la preferencia de muchas personas por prismas triangulares (techumbre de dos aguas) como la forma de la cubierta de una casa habitación, o la inclinación por formas masivas sobre las perforadas, y la selección de prismas rectangulares como volúmenes arquitectónicos.

Por otro lado, tanto el color como la textura ayudan a definir las formas del artefacto, por ejemplo, si las caras del volumen tienen superficies reflectantes y pulidas, la masa podría percibirse como esfumada, mientras que otro tipo de texturas pudieran definirla; la aplicación del color adecuado consigue separar visualmente la forma masa de su entorno. La luz natural o artificial moldea las formas a partir del juego claro-oscuro. Por último, las formas en la arquitectura tienen una interpretación poli-simbólica; así, es común la utilización de pares de arquetipos formales, por ejemplo, el uso de prismas rectangulares para la casa señalando lo terreno, los cuerpos esféricos para lugares sagrados como altares, capillas e iglesias. Los símbolos también pueden manifestarse a través de cantidades o posiciones, lo horizontal dice a la mujer, lo vertical al hombre; las cantidades se pueden encontrar en la repetición de volúmenes.

Para los pitagóricos, el triángulo equilátero representa el universo, lo finito y lo infinito, la igualdad perfecta; el triángulo también simboliza la trinidad cristiana; mientras que para Platón los poliedros regulares constituyen cuerpos perfectos; en la teoría del *homo quadratus* el cuadrado es una figura ideal que dice al hombre, y el pentágono simboliza la perfección estética [20]. Además, en la etapa primera del proceso de significación, elementos y subelementos se usan para darle carácter simbólico a la apariencia del edificio; como ejemplos se pueden mencionar los azulejos vegetados en rodapié. Los arquetipos, expresados en las formas arquitectónicas, sólo representan el punto de partida para la construcción de una red infinita de conexiones mentales, donde un mismo símbolo material puede hacer referencia a varios arquetipos. (Fig.3.2)

Las funciones en la arquitectura se construyen a partir

de la satisfacción de las necesidades primarias o elementales, por ejemplo, la creación de un refugio que permita la protección de los cuerpos contra el frío, el calor, la lluvia, el viento, los animales salvajes, los enemigos y otras molestias; la creación de un "atmósfera artificial" de protección constituye el primer propósito del artefacto arquitectónico. El uso o experiencia del espacio contenido permite hablar de arquitectura funcional; de acuerdo con el diccionario, el verbo "usar" significa hacer servir una cosa para algo; cuando se utiliza el artefacto arquitectónico, entonces la función existe como esfera conceptual; actividades como entrar, dormir, protegerse, cocinar, bañarse, bailar, trabajar, estar, comer, entre otras muchas, determinan el diagrama de funcionamiento del edificio.

Fig. 3.2 Ejemplo de elementos en arquitectura pos-vernácula: color, sigmas, roleos, balaustrada-remate y cartela con 'escudo de armas'. Monterrey, México. Fuente: Fotografía de la autora.

Las actividades de uso arquitectónico organizan el espacio de la segunda escala a partir de la definición de áreas interdependientes, por ejemplo en una casa se habla de recámaras, sala, comedor, cocina, baño, lavandería, pórtico, terrazas, vestíbulo, zona de estacionamiento, etcétera; las puertas y ventanas funcionan como interruptores que separan o comunican áreas espaciales; los muros y la vegetación actúan como filtros climáticos y lumínicos [21]; antepechos, rejas y plantas con espinas se usan como protectores (elementos de seguridad); y los árboles frutales son considerados vegetación útil. Los espacios donde se desarrollan varias actividades son conocidos como áreas polivalentes; la funcionalidad del artefacto también es determinada por las dimensiones de las áreas en relación con las actividades de uso.

Además de las necesidades elementales de protección y abrigo, existen otras funciones arquitectónicas, las cuales tienen connotaciones sígnico-simbólicas, por ejemplo, la necesidad de privacidad espacial, de protección divina, de respeto de jerarquías y normas institucionales, de individualidad, entre otras; las tradiciones de uso espacial están relacionadas con las funciones subjetivas. De acuerdo con Umberto Eco [22], la arquitectura está hecha principalmente para funcionar y su comunicación se realiza a través de las formas del artefacto; el autor explica que la caverna primitiva connota las funciones de refugio y seguridad, las cuales corresponden a la satisfacción de necesidades elementales; sin embargo, Eco señala que la caverna también simboliza familia y grupo, conceptos relacionados con las funciones subjetivas. Se sabe que el sistema estructural permite la habitabilidad del artefacto arquitectónico; de acuerdo con Norberg- Schulz, las estructuras pueden ser masivas y de esqueleto, en el sistema masivo los elementos de construcción juegan un doble papel, de sostén y cerramiento [23]; mientras que en el sistema de esqueleto los elementos de soporte son evidentes y representan una pieza clave en la definición de la forma del artefacto (función estética).

En todos los edificios existen elementos estructurales de distintos órdenes o niveles; los elementos de primer orden son aquellos involucrados en el sistema estructural que sostiene el artefacto, por ejemplo, zapatas, vigas, arquitrabes, pilares, columnas, arcos, ménsulas, modillones, contrafuertes, muros cargadores, de contención, arbotantes, entre otros; la flexo-compresión, las estructuras colgadas, los tensores y las membranas, constituyen los sistemas de soporte más utilizados; también se pueden encontrar estructuras de forma, sección y superficie activa, así como sistemas híbridos [24]. Dentro de los elementos secundarios o de segundo orden están las bardas que limitan el predio, escaleras exteriores y muros divisorios; los elementos secundarios también están representados por estructuras simples: sistemas estructurales en puertas, ventanas y canceles de baño (marco rígido), candiles (estructuras colgadas), enramados (cables) y tendederos (tensores), entre otros. Siguiendo a Mario Salvadori [25] las estructuras incrementen su fuerza trabajando a la par con la forma de la cubierta del artefacto, es decir, la fuerza sigue la forma del sistema estructural. La combinación de sistemas de soporte resulta en estructuras complejas, las cuales no sólo cumplen funciones estéticas, sino también simbólicas, por ejemplo, cuando la estructura es visible, connota fuerza; en una pirámide invertida, o volúmenes masa sostenidos por pilares delgados como los edificios de planta libre, la percepción común será de una estructura débil y poco segura.

La realidad física del espacio se puede explicar con la idea de la atracción mutua de dos planetas debido a la fuerza de gravedad; el espacio de la escala humana es configurado desde la materialidad del artefacto y se reconfigura a partir de la intervención física de los cuerpos; los geo-espacios arquitectónicos adquieren flexibilidad gracias a elementos particulares como luz, dimensiones, colores, sonidos, entre otros. A lo largo de la historia de la arquitectura, el espacio centralizado ha sido símbolo de referencia cósmica, la centralización se da cuando las formas se organizan en torno a un punto; los elementos particulares que configuran geo-espacios pueden tener una interpretación simbólica, por ejemplo, un área iluminada artificialmente con luz blanca se relaciona con el concepto de frialdad, la luz amarilla con el sol y lo cálido; los vitrales, frecuentes en catedrales, difuminan la luz, haciéndola etérea.

Sigfried Giedion [26] establece tres edades del espacio, la primera corresponde al espacio exterior, la segunda al interior, y la tercera edad concierne a la superposición espacial exterior-interior; el espacio interior se relaciona con áreas privadas y el exterior con zonas públicas, algunos ejemplos de espacio público en la arquitectura son: patios, pórticos, banquetas, plazas y parques; dentro de una vivienda se pueden mencionar áreas sociales como sala, comedor, estancia y terrazas, ya que éstas son utilizadas por todos los miembros de la familia y sólo en ocasiones especiales (reuniones) el espacio es habitado por personas ajenas al grupo; en algunas comunidades el espacio público cobra importancia ya que en él se fortalecen la solidaridad, el sentido de comunidad y la democracia. En una casa habitación el espacio privado se dice enfáticamente en áreas íntimas como recámaras o baños. Por último, los avances tecnológicos contemporáneos permiten evolucionar la propuesta de Giedion y hablar de lo virtual como la cuarta edad del espacio. (Fig.3.3)

Si las redes resultantes de las conexiones entre elementos son las que determinan el fenómeno arquitectónico ¿Cómo se les puede definir? Comenzaremos por decir que la característica principal de los elementos particulares es que, salvo algunas excepciones (textura, vegetación, límites, contexto natural-artificial y topografía), los demás elementos son inmateriales; a continuación se presenta información operativa para la conexión entre las partes: la *proporción* arquitectónica se refiere a las relaciones equilibradas entre los fragmentos de un todo; mientras que la *armonía* está directamente relacionada con el equilibrio o tensión continua de contrarios: par-impar, unidad-multiplicidad, derecha-izquierda, límite-ilimitado, recta-curva, masculino-femenino, entre otros. Desde el equilibrio armónico se puede explicar el concepto de *simetría*, la cual existe cuando las partes del total se corresponden métricamente, la simetría en la arquitectura tiene su origen en los estudios anatómicos del cuerpo humano [27]. La *correspondencia* se refiere a la relación de elementos visibles e invisibles; o a la conexión entre áreas definidas por usos y actividades [28]; el *ritmo* describe la repetición modulada de características formales, o la ausencia de ellas (vacíos e intervalos), además dice de patrones de uso, entradas de luz y formas de organización del espacio.

Fig. 3.3 El artefacto arquitectónico como elemento del contexto urbano. Roma, Italia.
Fuente: Fotografía de la autora.

El *ritmo* en la arquitectura puede determinarse a partir del movimiento de los ojos de quien observa el artefacto arquitectónico, así como de los cuerpos que recorren el espacio contenido en el edificio [29]. El *color* es un elemento visual que existe gracias a la luz; el sistema óptico recibe la energía luminosa y el cerebro humano la interpreta como algún tipo de color. Los colores también pueden ser creados a partir de pigmentos, así se habla del blanco, el negro, los colores neutros (grises) y los cromáticos como rojo, amarillo, azul, verde, naranja, morado y sus combinaciones. La percepción visual de los objetos está directamente relacionada con características cromáticas como tono, valor y saturación [30]. Siguiendo con los elementos particulares, la *textura* se define como trazos o formas de tamaño pequeño que cubren la superficie de un objeto, la textura arquitectónica puede ser táctil o visual; mientras que el *carácter* es la relación entre la materialidad del artefacto arquitectónico y la intención de uso; por lo general, la *escala* en la arquitectura se relaciona con la comparación entre las dimensiones volumétricas de un edificio [31], además la escala permite organizar el fenómeno espacial en capas o niveles superpuestos, por ejemplo, el cuerpo, la habitación, el barrio, la ciudad, entre otros; desde la escala se puede hablar de geografías interiores y exteriores, así como de espacios locales, regionales y globales [32].

Dentro del universo de la arquitectura, la *luz* juega un papel fundamental ya que gracias a ella ocurre la experiencia espacial completa; la iluminación de los espacios puede provenir de fuentes naturales o artificiales; la luz natural se refiere a la energía proporcionada por el sol (luz de día), la luz artificial utiliza lámparas eléctricas o de gas [33]. El *equilibrio* arquitectónico puede entenderse como equilibrio de fuerzas o equilibrio visual; el primero se refiere al estado de reposo ocasionado por la acción equilibrada de fuerzas iguales y opuestas, el equilibrio de fuerzas puede ser de traslación o rotación; en cambio el equilibrio visual se obtiene a partir de composiciones formales variadas: repetición, gradación, semejanza (simetría), contraste (diferencia) y anomalía (asimetría) [34]. La *fuerza* es un proceso activo de transferencia de cargas; existen diferentes tipos de fuerzas, por ejemplo, las que actúan en una misma dirección o las que trabajan en un mismo plano; la gravedad es considerada la fuerza de fuerzas [35]. Los *esfuerzos* estructurales son directos cuando ejercen un valor invariable en el elemento sometido, los esfuerzos directos pueden ser de tracción o compresión; también existen esfuerzos invertidos o secundarios, es decir esfuerzos adicionales de flexión [36]. Las *cargas* estructurales se pueden comprender como el peso de la materia contenida en el artefacto arquitectónico; las cargas pueden ser móviles o estáticas, las cargas vivas o móviles constituyen peso variable sobre la estructura del edificio, mientras que las cargas muertas o estáticas son aplicadas sin vacilaciones [37].

Para el diseño y construcción del artefacto arquitectónico se consideran las propiedades de los *materiales*, estos pueden clasificarse en naturales o artificiales, sustentables o no sustentables; los materiales arquitectónicos tienen relación directa con los sistemas estructurales. El *sonido* es un elemento particular poco discutido en los procesos de enseñanza y diseño de la arquitectura; el sonido se define como una vibración, generalmente audible, que viaja a través del aire u otro flujo y se transmite en forma de ondas sonoras longitudinales, los conceptos relacionados con el diseño de sonido son la acústica y el eco [38]; ahora bien, existen diferentes gradaciones de sonido espacial, y en los niveles más bajos el sonido puede confundirse con el silencio. El *olor* es el elemento particular que activa la memoria, a partir de los olores se anticipa el espacio antes de experimentarlo; los *multimedia* son un equipo tecnológico de informática que conjunta varios medios de comunicación como audio, video, televisión e internet; como elemento particular se refiere a las proyecciones de video, luz y sonido que modifican el espacio, haciendo presente lo que está ausente. La *organización* arquitectónica dice de los detalles de interrelación de áreas espaciales, así se habla de espacios vinculados, contiguos o conexos [39]; las dimensiones se refieren a las medidas de las formas; mientras que la dirección espacial establece la orientación del artefacto arquitectónico y de los espacios que lo constituyen [40].

Existen diferentes variedades de *flujos*, por ejemplo, económicos, sociales, urbanos, materiales, de desperdicio, somáticos y fluidos; como elemento particular, los flujos se relacionan con los de tipo urbano, es decir, con la movilidad de los cuerpos en el espacio, también se vinculan con los fluidos, por ejemplo agua y viento, así como con los flujos de desperdicio, basura y aguas residuales, además de los somáticos (ingenierías eléctrica e hidráulica) [41]. Siguiendo la tesis de Vitruvio, la utilidad es elemental en la comprensión del fenómeno arquitectónico, la utilidad arquitectónica resulta de la correcta distribución y/o conexión de las partes del artefacto; así, el *uso* hace posible la utilidad de la arquitectura, es decir, es a partir del uso que la experiencia espacial sucede (Fig.3.4). El *contexto natural* se refiere a la geografía de la naturaleza, por ejemplo, colinas, montañas, volcanes, ríos, cañadas, lagos y el mar; *el contexto artificial* está constituido por el conjunto de artefactos arquitectónicos circundantes; mientras que el *clima* describe las condiciones atmosféricas que caracterizan un lugar determinado.

La *jerarquía* se refiere al principio de organización donde el acomodo de formas y áreas espaciales sigue niveles de importancia, además de objetivos funcionales y códigos simbólicos; la organización jerárquica se logra a partir de la diferencia significativa de configuración, tamaño y posición [42]. El *mobiliario* arquitectónico está constituido por objetos relacionados con el uso sígnico del artefacto (*carácter*), y las actividades establecidas a partir de funciones útiles y simbólicas. La *vegetación*, como elemento particular del diseño arquitectónico, forma parte del mobiliario y puede permanecer en la geografía natural o ser modificada por el ser humano; a partir de la vegetación se garantizan áreas permeables, se preserva el ecosistema y se mejoran las condiciones climáticas. Los *límites* son fronteras materiales que visibilizan el espacio; algunas veces el artefacto arquitectónico completo es entendido como límite espacial [43]; el *orden* está directamente relacionado con la organización rítmica del espacio; según los antiguos pensadores el universo puede conocerse y estudiarse gracias a que toda materia posee un número, el *número* es la idea que define la realidad [44].

La realidad arquitectónica, es decir, el espacio tridimensional, se sucede gracias a los principios de la *geometría* euclidiana, así es posible conocer la relación matemática entre líneas, planos, ángulos y volúmenes [45]; la *topología* trata de las transformaciones imperceptibles de las formas, las cuales ocurren a partir de movimientos virtuales continuos sobre la materialidad del artefacto [46]; mientras que la *topografía* define matemáticamente las formas reales del terreno [47]. La *posición* es el lugar que se le asigna tanto a las áreas de uso (espacio interior), así como al artefacto arquitectónico, la posición se determina de acuerdo con funciones espaciales y condiciones climáticas; la *flexibilidad* es una característica del espacio que permite áreas continuas o multiuso, la flexibilidad también puede ser aplicada a las formas, y al conectarse con los multimedia construye hiper-fachadas. El *área* es un espacio o zona delimitada por elementos materiales, también se refiere a las medidas de la superficie; el *movimiento* ocurre con las intervenciones físicas de los cuerpos en el espacio [48] (proceso de ocupación-despliegue); por último, la *tecnología*, o ciencia aplicada, se ocupa de la relación entre técnicas, métodos, materiales y aspectos sociales.

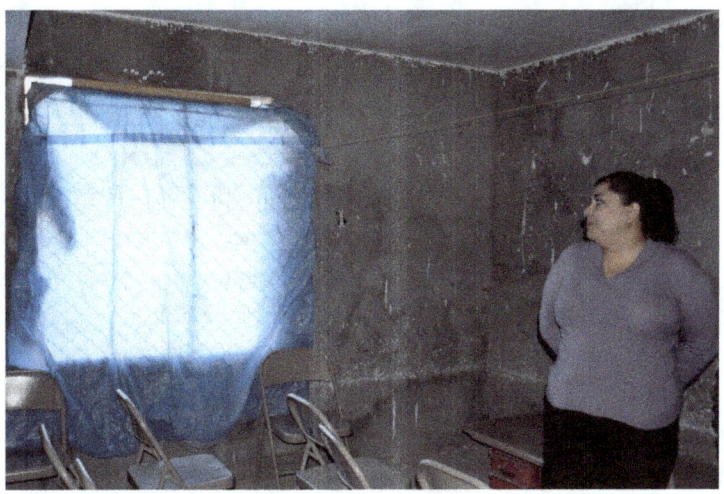

Fig. 3.4 Ventana-lucernario en Ciudad Juárez, Chihuahua.
Fuente: Fotografía de la autora.

En 2014, Rem Koolhaas propone volver a los orígenes de la disciplina, es decir, al pensamiento en elementos; como idea de arranque el autor narra sus memorias espaciales y conecta el cuerpo con áreas, luz, ventanas, escaleras, contexto natural, movimiento, contexto artificial, mobiliario, usos, puerta principal, jerarquía, ritmo y geometría; así describe el balcón de la casa de sus padres como fuente de energía solar y condición de su propia supervivencia, recuerda las cicatrices que los temblores dejaron en el muro del dormitorio, el rosetón octogonal que le servía de telescopio, la chimenea en casa del abuelo y su primera experiencia en un elevador de continuo movimiento. Koolhaas entiende la arquitectura a partir de los artefactos y la relación de estos con la geografía circundante, para el autor los edificios son un ensamblaje de elementos que contienen carga genética de períodos remotos, e identifica quince elementos fundamentales del ejercicio de la arquitectura: piso, pared, cubierta, techo, puerta, ventana, fachada, balcón, pasillo, chimenea, inodoro, escalera, escalera mecánica, elevador y rampa [49].

Los elementos de concreción forman parte de la materialidad arquitectónica, son los creadores del artefacto como territorio; a continuación se presenta una primera lista de elementos, los cuales están divididos en cinco partes de acuerdo con su empleo general: los cimientos constituyen el soporte del sistema estructural de los artefactos arquitectónicos, y aunque forman parte de los elementos que materializan la arquitectura, no actúan de manera directa en la experiencia espacial; los *cimientos* se encargan de ancorar la estructura general del artefacto al suelo [50]; dentro de este subgrupo de elementos se encuentran las zapatas, las vigas de cimentación, y los muros de contención. Para Keller Eastarling, el piso, real o simbólico, define los códigos de uso espacial, tanto en el interior del artefacto, como fuera de él; el autor explica que además de su interpretación racional, el piso puede tener una carga simbólica al definirse a partir de textiles (tapetes y alfombras), colores y figuras geométricas.

Siguiendo a Eastarling, el piso es el elemento arquitectónico que mantiene contacto directo con el cuerpo humano; así, muchas veces, rebasa su función utilitaria y se convierte en lienzo de narraciones y manifestaciones artísticas, donde se involucran conocimientos matemáticos; la dualidad del piso es ignorada por los arquitectos modernos, lo que resulta en una libertad que lo potencia como elemento reconfigurador del edificio entero [51]. Todos los elementos están relacionados con el piso, los que forman el esqueleto del artefacto son, apoyos: columnas: exenta, adosada, embebida, estriada, fasciculada, agrupada, salomónica, cariátide, atlante y columna estípite; pilastra, pilar: recto, inclinado, de sección cuadrada y circular; como parte de los apoyos también se pueden mencionar muros cargadores, contrafuertes, cadenas, antas, jambas, cables, tensores, etcétera. Partes de la columna clásica: basa, fuste, capitel, pedestal, tambores. Órdenes Clásicos: toscano, dórico, jónico, corintio, compuesto. Adorno en columnas: ovas, dardos, hojas de acanto, estrías (textura). Secciones: viga, dintel, armadura, entablamento, arcos, arbotante, marco rígido. Tipos formales de arcos: de medio punto, de tres puntos, rebajado, adintelado, conopial, poli lobulado, ojival y ciego. Partes del arco: dovelas, clave, salmer, intradós, extradós. Partes del entablamento: arquitrabe, friso y cornisa; tímpano (tipos: vacío, decorado, calado). Adorno en friso: dentículos, triglifos, metopas, mútulos, bucráneos.

La materialidad arquitectónica se puede organizar en elementos de plano horizontal y vertical, así se habla de muros, puertas, ventanas, patio central, patio interior, pórticos, escaleras, elevadores y terrazas. Nicholas Potts señala que el muro desempeña dos funciones esenciales, las cuales garantizan el óptimo trabajo de los artefactos; por un lado, el muro actúa como soporte, y por el otro como configurador de áreas o espacios, también define los flujos de uso; de acuerdo con el autor, la importancia simbólica del muro se fundamenta en su interpretación como manto protector que une a la comunidad, gracias a los muros se determinan espacios o salas de encuentro, los cuales delimitan áreas públicas y privadas dentro del edificio; para Potts existe una amplia variedad de muros que van desde murallas de defensa, hasta los muros móviles y los virtuales que soportan la red social Facebook [52]. La relación entre vida interior y exterior se sucede gracias a las puertas y ventanas, localizadas en los muros-piel de los artefactos arquitectónicos. La puerta significa acceso, comunicación, seguridad y privacidad [53]. (Fig.3.5)

Fig. 3.5 Luz, arcos, pechinas; relaciones funcionales entre estructuras, formas y geo-espacios.
Roma, Italia. Fuente: Fotografía de la autora.

Mientras que las ventanas o lucernarios permiten que el contexto exterior juegue un papel fundamental en la experiencia del espacio; siguiendo a Manfredo Di Robilant y Niklas Maak, la ventana representa el "ojo" con el que el muro selecciona un paisaje específico que nunca es el mismo; los autores explican que el vidrio fue considerado el material ideal para la construcción de ventanas, y que poco a poco fue evolucionando de materia prima, a significante del elemento; el muro cortina, las puertas de cristal y la banca-mirador, son resultados de este proceso de apropiación [54]. Tipos de muros y ventanas: celosía, muro cortina, puertaventana, ventana en alfeizar, en ajimez y banca-mirador. Adorno en plano horizontal, muros y ventanas: espejo de agua, arcadas, enjutas, baldaquino, pérgola, rejas, sigmas, volutas, alfardas, ménsulas, modillones, balaustrada, elevadores, balcones, baldosas, nichos, mosaico, enlucidos, teselas, aplacados, arcaduces, rodapié, cartela, tableros, gárgolas, jambaje, archivolta, arrabá, rosetones, mascarones, ajimez, ajaraca, tracería, montante, vitrales, recubrimientos, entre otros.

Continuando con los elementos de concreción, el techo representa la parte superior o remate del edificio; sin embargo, en el interior del artefacto se puede hablar del techo como piso. De acuerdo con Di Robilant et al, el entrepiso se usa y se ve a la distancia; así, como base de la experiencia espacial el piso es vida y a la vez manto protector; de acuerdo con los autores, el piso-techo contiene decoraciones abstractas y figurativas, dos entidades distintas que forman un solo elemento, además señalan que a partir de las ornamentaciones se habla del entrepiso como un elemento sustituto y se le define como membrana falsa que conectan lo real con lo virtual. Existen diferentes tipos de piso-techo, por ejemplo, la estructura sin ornamentos, el armazón industrial, y el de aditamento falso como los bastidores geométricos y los artesonados de madera. El piso-techo constituye parte importante del soporte del artefacto [55]. Jiren Feng, Fang Zhenning y Stephan Petermann explican que el techo o cubierta es un elemento primario de la arquitectura, ya que además de concretar la necesidad humana de refugio, tiene connotaciones de carácter social y político; los autores explican que algunos emperadores de la antigüedad simularon. en el techo de sus salas, la geometría del cosmos como símbolo de poder; en el siglo XIX, el techo fue utilizado para acabar con desigualdades sociales, así la cubierta adquirió significados ambiguos [56].

Post-arquitectura. Notas sobre geografías invisibles

En la actualidad se habla de diferentes tipos de cubiertas [57]: plana, prismática, poliédrica, interseccionada, cúpula, bóveda de cañón, bóveda cónica, membranas y cascarones. Adorno en cubiertas: alero, tejas, pechinas, mansardas, doseletes, remates, lucernario, tragaluz, linternilla, acróteras, aguja, pináculos, gablete, almenas, pretil, espadaña, campanario, frontones (completo o quebrado), acróteras y pináculos. Además de los elementos particulares y de concreción explicados en párrafos anteriores, existen los elementos socioculturales; dentro de este tercer grupo se encuentran la economía, la necesidad-deseo, la nostalgia, el consumo, las tradiciones, las instituciones o sistemas de poder, el placer, los signos, los símbolos, las actividades, los saberes, el confort y la eficiencia. Los elementos socioculturales marcan las normas de la experiencia espacial, es decir que son los que definen la información compartida entre elementos conectados. Para Umberto Eco el *signo* se crea a partir de procesos de codificación, los cuales siguen pautas sociales; sin embargo, su fundamento social no es determinante, ya que los signos son construidos como supuestos teóricos que se apoyan en usos comunicativos, el autor explica que el impulso de usar ciertos elementos de la arquitectura, por ejemplo el subir una escalera, no tiene relación directa con las teorías de comunicación, son las características formales del elemento (en este caso 'escalera') las que determinan el significante.

Eco subraya que el contexto cultural establece tipos de códigos que se han mantenido estables durante mucho tiempo; desde ahí se determinan estructuras sígnicas de reconocimiento y práctica espacial: escalera-subir. Así, las funciones del artefacto arquitectónico constituyen los significados primarios, el autor aclara que la función-significado es rebasada por los significantes, de esta manera pueden existir ventanas falsas sin función origen, pero que siguen siendo percibidas desde el significado primario de ventana; la superposición de significantes construye representaciones simbólicas que desvelan ideologías y distintos modos de habitar el espacio [58]. Siguiendo la tesis de Eco, los signos pueden dividirse en funciones primarias (significados) y funciones secundarias (significantes o *símbolos*), por ejemplo, la catedral no sólo es un signo ya que viene acompañada de funciones secundarias o subcódigos culturales, los cuales permiten múltiples interpretaciones simbólicas. El autor aclara que no siempre los artefactos arquitectónicos denotan significados estables, tampoco funciones secundarias versátiles; Eco explica que con el paso del tiempo muchas funciones primarias pierden sentido, mientras que los códigos simbólicos permanecen velados. La oscilación entre la recuperación y sustitución de signos se fundamentan en la relación directa entre estructuras y sucesos, las primeras confieren la idea de significantes estables, mientras que los acontecimientos revisten la arquitectura de significados nuevos, transformando así los códigos simbólicos o significantes de inicio. Según Eco, cuando las funciones secundarias soportan códigos de revestimiento, se crea un proceso de descontextualización sígnica que permite la actualización del artefacto arquitectónico. La manifestación material de signos y símbolos fortalece tradiciones y costumbres [59]. (Fig.3.6)

La *tradición*, entendida como elemento sociocultural, se refiere al conjunto de conocimientos y saberes trasmitidos de una generación a otra; las tradiciones espaciales están directamente relacionadas con la continuidad de formas pasadas y organización-uso de áreas, así como con las técnicas de construcción y la estética del artefacto arquitectónico: volúmenes generales, adornos y geografía de segunda escala o espacio interior. Para Eric Hobsbawm existen dos tipos de tradiciones: las antiguas y las inventadas; el autor define la tradición inventada como un grupo de prácticas que, a pesar de seguir las reglas convencionales, transforma el comportamiento sociocultural utilizando la repetición cotidiana para insertar nuevas normas y valores. Hobsbawm señala que las tradiciones inventadas están entrelazadas con las que se proclaman antiguas; así, a pesar de contar con un tiempo finito de existencia, las nuevas tradiciones permanecen a través de la institucionalización del cambio que provocan.

Fig. 3.6 Elementos particulares, sociales
y de concreción; arquitectura vernácula-comercial
en Kuala Lumpur, Malasia. Fuente: Fotografía de la autora.

De acuerdo con la tesis del autor, las tradiciones pueden ser modificadas gracias a que las costumbres tienen como rasgo característico el "ser flexibles"; así, la maleabilidad de las costumbres posibilita el surgimiento de nuevas situaciones, las cuales hacen referencia a viejos eventos, como ejemplo del proceso de cambio en las tradiciones espaciales, se puede mencionar el efecto provocado por las fachadas abiertas o superficies ornamentadas; Hobsbawm explica que dentro del sistema de producción de tradiciones, las costumbres actúan como motor y control de operaciones. A partir de lo anterior es importante establecer una marcada diferencia entre tradición y rutina, ya que mientras las tradiciones (inventadas y antiguas) tienen una función simbólica, la rutina se desarrolla en automático, su fundamento es técnico-práctico, en lugar de ideológico. Por último, Hobsbawm señala que la invención de nuevas tradiciones, sólo se sucede a partir de la adaptación de éstas a los viejos patrones de comportamiento, los cuales son dictados por las instituciones que resguardan las estructuras encargadas de la organización socioespacial [60].

Michel Foucault explica que en la vida cotidiana concurren diferentes tipos de *poder*, el autor argumenta que el poder trabaja a partir de una compleja red que conecta dispositivos y tecnologías de vigilancia. Como ya quedó dicho en capítulos anteriores, existe una relación directa entre poder, sexualidad y control del cuerpo; debido a que el cuerpo social es el objetivo principal de toda política, la red-poder construye y difunde discursos múltiples, los cuales, no sólo controlan los cuerpos prohibiendo cualquier idea sobre sexo, sino que, al hablar continuamente acerca de temas sexuales, consiguen borrar lo que en apariencia difunden. Foucault señala que el sujeto-cuerpo es controlado ya que muchas de las ramificaciones del ejercicio del poder evolucionan hasta convertirse en estatutos legales; el autor aclara que, para entender lo que el poder significa, es necesario deshacerse de las representaciones negativas más comunes, por ejemplo, libertad, prohibición o ley.

A partir de sus investigaciones Foucault desveló que no existe una tecnología única de control biopolítico, por lo que propone pensar toda connotación sexual al margen de la ley, así como todo tipo de poder más allá de la figura del soberano, es decir, que para Foucault la idea de poder no se refiere al proceso de dominación que ejerce un grupo sobre otro; ni se relaciona con el despliegue de mecanismos de sujeción que construye el Estado: tanto la homogeneización como la dominación son sólo efectos posteriores del ejercicio del poder; la propuesta del autor se fundamenta en la deconstrucción de las redes que resultan de las conexiones entre las fuerzas inherentes a las actividades comunes. Para Foucault, es la repetición de la vida ordinaria lo que configura los aparatos de sujeción, y al mismo tiempo construye formas de resistencia; desde esta perspectiva la práctica permite la inversión de los mecanismos de vigilancia; el autor señala que la conceptualización del poder debe tomar en cuenta que la dominación, como efecto del ejercicio del poder, se cimienta en lo múltiple, complejo e inestable [61]. (Fig.3.7)

Siguiendo la propuesta de Manuel Castells, la sociedad contemporánea se fundamenta en la cultura de la virtualidad real, es decir, el multimedia aparece como símbolo de hipermodernidad; el autor explica que el nuevo sistema electrónico de comunicación surge de la fusión de la computadora y los medios de comunicación de masas. Castells señala que los multimedia respaldan un modelo cultural definido por tres rasgos: desigualdad social, segmentación espacial y homogeneidad cognitiva; el autor añade que la característica más importante de los multimedia es que contiene todas las expresiones culturales, de este modo se pone fin a la separación entre distintos medios de comunicación; el multimedia como gran contenedor, recompone medios impresos, audiovisuales, cultos, populares, de entretenimiento, persuasivos, informacionales y de educación; toda expresión cultural se mezcla en el nuevo universo de la virtualidad real, confundiendo pasado, presente y futuro en un solo tiempo infinito, desde el cual se construye un nuevo entorno sígnico-simbólico. Castells señala que la virtualidad real, producida y difundida por los multimedia, transforma substancialmente las dimensiones en las que se fundamenta la vida del ser humano: el espacio y el tiempo; el autor apunta que, en el siglo XXI, las identidades culturales se construyen usando un multi-collage de representaciones, las cuales se conectan entre sí, priorizando funciones objetivas y subjetivas; de esta manera el espacio resultante sustituye el espacio de los lugares, es decir, la vida simulada del espacio de los flujos se superpone al espacio real-real.

Fig. 3.7 Espacio vivido, conexión entre geografía artificial e imaginada; ejemplo en Hong-Kong, China.
Fuente: Fotografía de la autora.

Castells explica que con los sistemas de comunicación electrónica surge una nueva forma socioespacial, la cual influye en la relación entre identidades y territorios [62]. El autor define la *identidad* como un sistema que produce sentidos sociales utilizando información histórica, geográfica, biológica o cultural, y los datos pueden provenir tanto del imaginario colectivo, como de las instituciones del poder. Castells señala que un individuo, o actor colectivo, puede tener identidades plurales y que el concepto de identidad, sobre todo cuando se autodefine, puede coincidir con los roles sociales, aclarando que la identidad establece el sentido, mientras que los roles organizan las funciones; para el autor, el sentido es la identificación simbólica del objetivo de la acción del sujeto; Castells propone tres diferentes tipos de identidad: legitimadora, de resistencia e identidad proyecto. La identidad legitimadora es un dispositivo de las tecnologías dominantes, el cual se encarga de difundir y normalizar los valores del poder; la identidad de resistencia, es construida por los actores sociales que juegan el rol de interactuados, es decir, aquellos individuos en condiciones de desventaja con respecto al poder hegemónico; por último, Castells explica que la identidad proyecto es aquella construida a partir de los materiales culturales disponibles, la característica principal de este tipo de identidad, es la transformación de las condiciones sociales. El autor señala que es el proceso de construcción de la identidad proyecto la que produce sujetos, es decir, cuerpos con posibilidad de acción política [63]. (Fig.3.8)

Continuando con la relación entre el *poder* y los elementos socioculturales, Gilles Deleuze argumenta que el poder es una sustancia-red que conecta potencialidades contingentes; el autor considera que las personas utilizan el poder para conducirse cotidianamente; de esta manera, el poder ejercido impacta el actuar de los otros; desde la perspectiva *deleuziana*, el poder constituye un momento dinámico que al ocurrir se transforma en evento sociohistórico. La sustancia-red, como potencia, tiene característica relacional, Deleuze explica que la reciprocidad resultante es asimétrica, ya que las conexiones entre fuerza y dirección (otra fuerza), constituyen siempre relaciones de dominio y dependencia; el autor señala que la combinación de conexiones define las propiedades que estructuran "lo que puede hacer" un cuerpo determinado (capacidades/cualidades); así, el número de combinaciones entre las distintas relaciones de poder establece la calidad de las propiedades de cada cuerpo-sujeto. Para Deleuze el poder es un estado inherente a las personas, y no es un instrumento externo usado para someter a otros; de este modo el poder es una potencia que permite la transformación de los cuerpos; el autor propone la creación de una ética del ejercicio del poder-potencia, con el fin de garantizar la libertad de experimentación y la inversión del poder como acto de dominación [64].

Fig. 3.8 Torre-reloj posmoderna; ritmo, multimedia, proporción, escala, arco conopial, tracería, pináculos, celosía, doseletes. Milán, Italia.
Fuente: Fotografía de la autora.

Ahora bien, la idea del poder-potencia está directamente vinculada con los conceptos de *deseo* y máquinas. Deleuze define el deseo como potencia transformadora, así el deseo significa trascender a un paisaje determinado, más que la posesión por falta de un objeto-sujeto; de acuerdo con el autor, el deseo es un estado diferente y casi contrario de la *necesidad* o represión, así, el deseo es la potencia que brinda la posibilidad de convertirse en una geografía distinta a la que se "es"; el objeto de deseo es un medio para ingresar a otro espacio. Para Deleuze el cuerpo que desea es el medio de transformación, un flujo [65]. El autor define la idea de máquina como un sistema dentro de otro sistema; en apariencia, las máquinas son las encargadas de crear interrupciones y desconexiones (rupturas); sin embargo, lo que en realidad construyen es una red de pausas y continuaciones posteriores; desde esta perspectiva el cuerpo puede entenderse como una máquina que se desplaza dentro de la gran maquinaria (materialidad arquitectónica). Siguiendo a Deleuze, la fuerza-deseo proporciona una dimensión activa al concepto de poder; mientras que las máquinas son las encargadas de "regular" las relaciones de poder, así como las conexiones resultantes [66]. (Fig.3.9) (Fig.3.10)

Fig. 3.9 Arco conopial y ventanas en ajimez,
ejemplo en Monterrey, México.
Fuente: Fotografía de la autora.

Diana Maldonado

Fig. 3.10 Edículo-fogón en patio de casa familiar;
trabajo conjunto entre estructuras del primero y segundo orden.
Fuente: Fotografía de la autora.

NOTAS

[1] Stephan Trüby, "Elements of Architecture an Introduction", en *Elements of Architecture*, ed. Rem Koolhaas (Eslovaquia: Taschen, 2018), LVII-LIX.

[2] Dinastía imperial que gobernó China entre el año 960 y 1279. La arquitectura característica del imperio Song marcó las pautas del diseño arquitectónico posterior, propio de esta cultura; las principales aportaciones fueron: innovación en pagodas, tipología homogénea a partir de elementos formales, de proporción, número y armonía, así como formalización de métodos constructivos.

[3] Gottfried Semper, *The Four Elements of Architecture and Other Writings* (Inglaterra: Cambridge University Press, 2011).

[4] W. Boesiger, H. Girsberger, *Le Corbusier 1910-1965* (Barcelona: Editorial Gustavo Gili, 1987), 44.

[5] Christopher Alexander, *Un lenguaje de patrones* (Barcelona: Editorial Gus-

Post-arquitectura. Notas sobre geografías invisibles

tavo Gili, 1980).

[6] Stephan Trüby, "Elements of Architecture an Introduction", LXI.

[7] Tedeschi, Enrico, *Teoría de la arquitectura* (Buenos Aires: Ediciones Nueva Visión 1963), 51-80.

[8] Armando Flores, *Ornamentaria* (México: Universidad Autónoma de Nuevo León, 2002), 25-36.

[9] Paul Frankl, *Principios fundamentales de la historia de la arquitectura* (Barcelona: Editorial Gustavo Gili, 1981).

[10] Christian Norberg-Schulz, *Intenciones en Arquitectura* (Barcelona: Editorial Gustavo Gili, 1979), 86-90.

[11] M.L. Vitruvio, *Los diez libros de arquitectura* (Madrid: Alianza Editorial, 1997).

[12] Edward de Zurco, *La teoría del funcionalismo en la arquitectura* (Buenos Aires: Nueva Visión, 1970), 6-20.

[13] José Villagrán García, *Teoría de la arquitectura* (México: UNAM, 1989), 287-302.

[14] Forrest Wilson, *Structure: the essence of architecture* (Nueva York: Van Nostrand Reinhold Company, 1971), 7-28.

[15] Bjorn N. Sandaker, Arne P. Eggen & Mark R. Cruvellier, *The structural basis of architecture* (Nueva York: Watson-Guptill Publications, 1992), 12-23.

[16] Wucius Wong, *Fundamentos del diseño* (Barcelona: Editorial Gustavo Gili, 2011), 237-246.

[17] Christian Norberg-Schulz, *Existencia, espacio y arquitectura* (Barcelona: Editorial Blume, 1980), 8-15.

[18] Sigfred Giedion, *La arquitectura, fenómeno de transición* (Barcelona: Editorial Gustavo Gili, 1975)

[19] Luria, A.R., *Sensación y percepción* (México: Roca, 1994), 61-63.

[20] Umberto Eco, *Historia de la Belleza* (Barcelona: Editorial Lumen, 2007), 75-81.

[21] Christian Norberg-Schulz, *Intenciones en Arquitectura* (Barcelona: Editorial

Gustavo Gili, 2001), 73.

[22] Umberto Eco, *La estructura ausente, introducción a la semiótica*, (Barcelona: Editorial Lumen, 1999), 294,295.

[23] Norberg-Schulz, *Intenciones en Arquitectura*, 86-90.

[24] Heino Engel, *Sistemas de estructuras* (Barcelona: Editorial Gustavo Gili, 2011).

[25] Mario Salvadori, *The Art of Construction. Projects and principles for beginning engineers and architects* (Chicago, Illinois: Chicago Review Press, 1990), 109-118.

[26] Giedion, *La arquitectura, fenómeno de transición*.

[27] Eco, *Historia de la Belleza*, 65-75.

[28] Wong, *Fundamentos del diseño*, 284.

[29] Francis Ching, *Arquitectura. Forma espacio y orden* (México: Editorial Gustavo Gili, 2002), 356.

[30] Wucius Wong, *Principios del diseño en color* (Barcelona: Editorial Gustavo Gili, 1999), 25-33.

[31] Ching, *Arquitectura. Forma espacio y orden*, 278.

[32] Rob Shields, *Spatial Questions. Cultural Topologies and Social Spatialisations* (Londres: SAGE publications, 2013), 136.

[33] Francis Ching, *Diccionario Visual de Arquitectura* (México: Editorial Gustavo Gili, 2015, Edición Kindle), 194-196.

[34] Wong, *Fundamentos del diseño*, 216-233.

[35] Ching, *Diccionario Visual de Arquitectura*, 145-146.

[36] Ibíd, 53.

[37] Ibíd, 40.

[38] Ibíd, 259-261.

[39] Ching, *Arquitectura. Forma espacio y orden*, 178.

[40] Wong, *Fundamentos del diseño*, 241-246.

Post-arquitectura. Notas sobre geografías invisibles

[41] Shields, *Spatial Questions*, 141-146.

[42] Ching, *Arquitectura. Forma espacio y orden*, 338.

[43] Shields, *Spatial Questions*, 150-155.

[44] Eco, *Historia de la Belleza*, 62-64.

[45] Ching, *Diccionario Visual de Arquitectura*, 147-150.

[46] Shields, *Spatial Questions,* 136-140.

[47] Ching, *Diccionario Visual de Arquitectura*, 192.

[48] Henri Lefebvre, *La producción del espacio*, (Mardid, España: Capitán Swing, 2013), 217-218.

[49] Rem Koolhaas, "elements" en *Elements of Architecture*, Rem Koolhaas ed. (Eslovaquia: Taschen, 2018), XLI-XLVI.

[50] Ching, *Diccionario Visual de Arquitectura*, 57.

[51] Keller Eastarling, "floor" en *Elements of Architecture*, Rem Koolhaas ed. (Eslovaquia: Taschen, 2018), 4-9.

[52] Nicholas Potts, "wall", en *Elements of Architecture*, Rem Koolhaas ed. (Eslovaquia: Taschen, 2018), 91, 192-193.

[53] Rem Koolhaas, ed., *Elements of Architecture* (Eslovaquia: Taschen, 2018), 545.

[54] Manfredo Di Robilant, Niklas Maak, "window" en *Elements of Architecture*, Rem Koolhaas ed. (Eslovaquia: Taschen, 2018), 699.

[55] Manfredo Di Robilant, Inaba J. & Clouette B., "ceiling" en *Elements of Architecture*, Rem Koolhaas ed. (Eslovaquia: Taschen, 2018), 210,220-238.

[56] Jiren Feng, Fang Zhenning & Stephan Petermann, "roof" en *Elements of Architecture*, Rem Koolhaas ed. (Eslovaquia: Taschen, 2018), 389.

[57] Heino Hengel, *Sistemas de Estructuras* (Barcelona: Gustavo Gili, 2011), 52-53.

[58] Eco. *La estructura ausente*, 288-291.

[59] Ibíd, 299-306.

[60] Eric Hobsbawm, "Introducción: Inventing Traditions", en *The Invention of Tradition*, Eric Hobsbawm y Terence Ranger, eds. (Inglaterra: Cambridge University Press), 1-14.

[61] Michel Foucault, *Historia de la sexualidad* 1. La voluntad del saber (México: siglo XXI editores, 2011, Edición Kindle).

[62] Manuel Castells, *La era de la Información. La Sociedad Red* (México: Editorial Siglo XXI, 2006), 404-408.

[63] Manuel Castells, *La era de la Información. El Poder de la identidad* (México: Editorial Siglo XXI, 2004), 27-32.

[64] Ranjon Paul Datta, "Power" en *Demystifying Deleuze*, Rob Shields y Mckey Vallee eds. (Ottawa: Red Quill Books, 2012), 145-148.

[65] Mickey Vallee, "Desire" en *Demystifying Deleuze*, Rob Shields y Mckey Vallee eds. (Ottawa: Red Quill Books, 2012), 47-49.

[66] Paul Ardoin, "Machine" en *Demystifying Deleuze*, Rob Shields y Mckey Vallee eds. (Ottawa: Red Quill Books, 2012), 103-105.

Capítulo 4

Cartografía topológica: apuntes teóricos y de método

Como ya se mencionó, las esferas conceptuales, usadas para la creación de artefactos arquitectónicos, son definidas por redes de elementos que pueden ser particulares, de concreción y socioculturales; las formas resultantes de las conexiones entre elementos constituyen mapas topológicos superpuestos que actúan, de modo virtual, sobre la materialidad del artefacto, agregándole a este propiedades de flexibilidad orgánica. Siguiendo las teorías de Deleuze y Foucault, Rob Shields relaciona la topología cultural con el pliegue, y a partir de ahí, el autor establece la virtualidad como instrumento de organización morfológica. Shields propone una topología cultural para entender las múltiples dimensiones del espacio de la escala humana; el autor explica que los plegamientos transforman las superficies, creando reflexiones temporales que modifican las relaciones iniciales entre sujetos y artefactos, la operación topológica se sucede gracias al doblez del afuera sobre sí mismo. El autor señala que cuando la topología es usada como método de análisis, desvela espacios de múltiples escalas o dimensiones; dichas imágenes comparten un punto de bifurcación y a la vez configuran situaciones particulares y ajenas unas de otras. Según la propuesta de Shields, el espacio social puede ser representado a través de diagramas topológicos donde no sólo se grafican movilidades y flujos de experiencias, sino que además posibilitan cambios en las relaciones espaciales y desvelan su característica múltiple, modificando así el diagrama convencional. Shields argumenta que las redes topológicas crean nuevos códigos, los cuales permiten imaginar otros tipos de espacio [1].

A través de diversos estudios científicos queda demostrada la relación directa que existe entre el microcosmos, el espacio de la escala humana, y el macro universo: En 1915 se publica la teoría de la relatividad general, ahí Albert Einstein establece que el espacio-tiempo es curvo, por lo que la fuerza de gravedad es la fuerza de fuerzas, con esto se desvela que la tierra se mueve a través de geodésicas; siguiendo la tesis de Einstein, tanto el espacio como el tiempo son relativos, es decir que cada persona construye su propia medida temporal, y esto dependerá de la posición individual, así como del movimiento que desde ahí se genere. El espacio-tiempo es un concepto que define el universo y a la vez todo lo que sucede en el cosmos lo redefine; la teoría de la relatividad general revela la existencia de un universo en continua expansión con origen determinado [2], el cual se explica a partir del *Big Bang* [3]. Al respecto, Stephen Hawking señala que antes de la gran explosión, el universo estaba rodeado de nada, todo lo que se conoce surgió de un punto de materia y energía comprimidas llamado singularidad; el autor menciona que el espacio y el tiempo forman una superficie, finita en tamaño, pero sin principio único ni terminación; para establecer su hipótesis, Hawking, junto con James Hartle, desarrolló la teoría conocida como "Propuesta sin límites", donde los teóricos plantean un modelo de física cuántica para explicar la primera singularidad.

Las singularidades, entre ellas los agujeros negros, han sido tema recurrente en las investigaciones de la cosmología moderna, ya que se consideran el punto de partida para descifrar el universo; siguiendo la tesis del cosmos ilimitado, el concepto clave para entender la singularidad del *Big Bang* es la función de onda, es decir, la posibilidad de pensar las partículas como ondas y viceversa. Hawking explica que la mejor manera de entender la dualidad onda-partícula es a través de la suma de historias de Richard Feynman [4], esta tesis supone que las partículas no pueden seguir un camino único, por lo que se considera que cada partícula debe explorar todas las rutas posibles para moverse de un punto a otro. Siguiendo a Thomas Hertog [5] la "Propuesta sin límites" funciona como principio de selección, desde ahí se determinan los subconjuntos de historias más significantes; el cosmólogo señala que esta operación de selección se lleva a cabo a través de la asociación de cada relato con una construcción geométrica (figura de volante), aquí las historias están rodeadas por tiempo imaginario, es decir, que en las geometrías creadas en este contexto, el tiempo actúa como dirección espacial; esto permite decir que tanto el pasado como el futuro son probabilísticos [6]; Hertog argumenta que el universo puede ser entendido como espacio compuesto por muchos espacios, es decir como un multiverso [7].

Si se considera que el artefacto arquitectónico es un ensamblaje de mapas topológicos, entonces la experiencia espacial, es decir el *Big Bang* de la arquitectura, debería entenderse como un fenómeno polidimensional que realiza modificaciones virtuales sobre la materialidad arquitectónica. En este sentido, Shields explica que los espacios virtuales son franjas liminales y barrocas donde la realidad es transformada a partir de la simulación que desde la misma realidad se hace; para el autor la virtualidad es un atlas que acaba cobrando vida propia; de esta manera la memoria, la imaginación, las ficciones de cualquier tipo, las ideas y las representaciones, todas pertenecen al mundo de lo virtual (Fig. 4.1); Shields argumenta que la memoria, al ser parte de las realidades virtuales, siempre tiene la posibilidad de actualización, el autor señala que el despliegue de geo-historias [8] ocurre gracias a la conciencia de la memoria, por lo tanto, los recuerdos espaciales tienen existencia virtual [9]. Continuando con lo dicho sobre la experiencia arquitectónica, Steen Eiler Rassmussen explica que la apariencia del artefacto representa la capa superficial del espacio social, el autor argumenta que la arquitectura, al ser un fenómeno espacial y artístico, exige ir más allá de las descripciones estilísticas y cánones formales.

Fig. 4.1 Un espacio en otro espacio, dentro de otro espacio. Milán, Italia. Fuente: Fotografía de la autora.

Rassmussen señala que las experiencias urbano-arquitectónicas son la clave para la comprensión del espacio de la escala humana. De acuerdo con esta propuesta, la arquitectura produce espacio funcional, ya que el objetivo principal de todo artefacto es resolver los problemas que se presentan en la vida cotidiana. El espacio útil permite entender la experiencia a través de funciones y usos; así, el autor piensa la arquitectura como habitaciones espaciales, es decir, formas construidas a escala vivida. De acuerdo con Rasmussen, el rol del arquitecto es similar al del director escénico, ya que es el encargado de crear atmósferas espaciales flexibles, capaces de aguantar improvisaciones y cambios; aquí, los planos proyectuales representan la abstracción del guion, es decir, instrucciones de uso espacial. La tesis del autor establece distintos grados de experiencia arquitectónica, los cuales resultan de la conexión de elementos como tipos de superficie, luz, ritmo, texturas, formas cóncavas-convexas, escala, proporción y sonidos; de acuerdo con Rasmussen las superficies de los artefactos pueden ser ligeras, pesadas, orgánicas o suaves, el tipo depende del carácter del material utilizado, así como de los distintos efectos que la geografía circundante produzca en el usuario-observador, por ejemplo, el autor menciona el efecto causado por el agua en la percepción de la ciudad de Venecia, explicando que el reflejo de los artefactos arquitectónicos desvela la luz, el color y los recuerdos, como el punto de partida de la experiencia espacial.

Siguiendo con los elementos propuestos, Rasmussen reflexiona sobre las palabras hueco y habitación, y así selecciona "cavidad" como sinónimo de espacio arquitectónico; para el autor el juego entre formas lisas y cóncavas organiza tanto espacios interiores como exteriores; los elementos que completan la experiencia de la arquitectura son el ritmo, la luz y las armonías; de acuerdo con la tesis presentada, la proporción y la escala, se comportan como si fueran armonías musicales, es decir, como piezas clave para la creación de belleza. Rasmussen considera que la luz desvela cavidades y formas, mientras que el sonido permite la anticipación del espacio antes de vivirlo [10]. Para Josep María Montaner la experiencia del espacio arquitectónico es un fenómeno intersubjetivo, ya que la experiencia que parte del cuerpo se fundamenta en la relación dialéctica entre lo objetivo y lo personal, lo cual permite integrar la comunicación con los otros como parte importante del uso de la arquitectura; para el autor la experiencia espacial se organiza en tres direcciones: la apropiación del espacio real, la percepción a partir de los sentidos corporales, y la creación simultánea de espacios futuros. (Fig. 4.2)

Montaner explica el entendimiento de la realidad como el primer sentido de la experiencia, aquí se combinan las historias personales tanto de los usuarios como de los creadores de atmósferas (arquitectos profesionales); la percepción del espacio se corresponde con la segunda dirección o sentido del uso, el autor señala que al estimular la vista, el olfato y el oído, se construye una red que valida el espacio percibido como algo real-real; por último, la tercera dirección completa la experiencia espacial: al "abrir" el espacio percibido se crea un punto de conexión que "proyecta" la experiencia presente-pasada hacia espacios futuros.

Fig. 4.2 Calles de agua como detonadoras de recuerdos espaciales; relación entre elementos: espacio útil. Venecia Italia.
Fuente: Fotografía de la autora.

Para Montaner la experiencia en tiempo presente es lo que construye el espacio real; la propuesta del autor combina dos teorías fenomenológicas, por un lado, la aprehensión del espacio a partir de la percepción cognitiva, donde el artefacto arquitectónico es entendido como proceso o fenómeno que se conecta con un complejo sistema de relaciones (contexto); por otro lado, la idea de que la experiencia espacial es condicionante de la existencia humana, de esta manera el cuerpo representa el mediador entre el espacio que se percibe y el mundo que lo contiene. Montaner considera la experiencia espacial como instrumento clave para la comprensión de la arquitectura; a través de diagramas y mapas del espacio vivido, el autor plantea la deconstrucción e integración de la realidad como parte del ejercicio proyectual. La característica tripartita de la experiencia desvela distintas tipologías o subdirecciones, por ejemplo, la experiencia de tipo funcional, sensible, físico o estético [11].

A partir de lo escrito en párrafos anteriores, la comprensión del fenómeno arquitectónico ocurre desde diferentes perspectivas; en algunos argumentos las primeras teorías prevalecen y la materialidad se entiende como principio y fin del fenómeno espacial, en otros la experiencia resulta la pieza clave de las reflexiones; en ambos casos se utiliza el pensamiento en elementos. Así, se puede concluir que la variedad de las tesis es determinada por la dirección del efecto que produce el uso espacial; para Rasmussen la materialidad arquitectónica, a través de la producción de atmósferas o cavidades, es la que configuran la experiencia de un espacio determinado; de esta manera, el artefacto arquitectónico crea un efecto sobre los cuerpos que lo habitan. Por otro lado, Montaner argumenta que la experiencia de la arquitectura parte del cuerpo humano, el cual funciona como elemento mediador del fenómeno espacial, siguiendo la propuesta del autor, el uso arquitectónico es tri-direccional: apropiación de la materialidad y el contexto; percepción sensorial de la atmósfera creada por el artefacto; y creación sígnico-simbólica o memoria del espacio (códigos para experiencia futura) (Fig. 4.3). Montaner señala que el espacio se construye a través del uso del edificio en tiempo real.

Aquí nos decantamos por considerar al artefacto arquitectónico como un mapa topológico abierto, por lo que proponemos modificaciones multidireccionales de ida y vuelta; esta tesis se fundamenta en la idea de que el cuerpo es un espacio que se despliega dentro de otro espacio, es decir dentro de la atmósfera producida por la percepción sensorial que el mismo cuerpo tiene del artefacto (espacio formal); el cuerpo-espacio atiende los códigos de uso dictados por la geografía artificial y los mezcla con recuerdos de otros espacios; así, el cuerpo-espacio-espacio devuelve una nueva red espacial, y al hacer esto reconfigura la geometría origen del artefacto arquitectónico. En este sentido, la redefinición de la experiencia espacial parece necesaria. Haciendo algunas analogías de los conceptos utilizados para explicar el micro y el macro cosmos, se proponen tres dimensiones adicionales como escalas constituyentes de la experiencia del espacio social (¿universo intermedio?); así, de lo ya escrito se seleccionaron las siguientes ideas: el universo (espacio-tiempo) no puede explicarse a partir de una sola historia, sino que se deben explorar todos los relatos posibles; el cosmos está en continua expansión; el espacio-tiempo es una superficie de origen múltiple y sin límite; dentro de la singularidades, la suma de historias permite la construcción de geometrías, donde el tiempo se comporta como dirección espacial.

Sabemos que en el artefacto arquitectónico se conjuntan tres dimensiones espaciales provenientes de la geometría euclidiana, el espacio vivido cotidianamente incluye una dimensión temporal; así, la experiencia arquitectónica se sucede entre dimensiones espaciotemporales; entonces, se puede decir que la tercera dimensión (3D) es espacial y en las dimensiones subsecuentes el tiempo adquiere dirección espacial; aquí se propone la memoria actualizada como cuarta dimensión (4D), la memoria de lo posible como la quinta dimensión (5D), la memoria del polipliegue como la sexta dimensión (6D) y la memoria activa como la séptima dimensión (7D).

Fig. 4.3 Espacio real en tiempo presente, ejemplo localizado en Barcelona, España.
Fuente: Fotografía de la autora.

Las dimensiones espaciotemporales también pueden llamarse memoria actualizada en modo A, B, C o D; siguiendo a Gilles Deleuze y Felix Guattari, la actualización es un proceso simultáneo donde lo real-real se soporta (es) gracias a las imágenes virtuales o recuerdos, los autores explican que todo presente se construye a partir de actualizaciones; el proceso de actualización se sucede en el plano de la inmanencia, un tejido de movimientos variables e infinitos expresado a partir de múltiples disposiciones. Las actualizaciones creadas en la interface real-virtual pueden organizarse en distintos grados o modos que se alimentan entre sí a través de un continuo flujo de virtualidades reales [12].

La cuarta dimensión de la experiencia espacial (4D), llamada memoria actualizada, se refiere a la actualización en grado A de recuerdos espaciales, el proceso ocurre en el momento de estar usando el espacio, en esta dimensión los códigos se resignifican de manera inconsciente; algunos apuntes teóricos que se relacionan con la 4D son: *las funciones de "uso" se convierten en experiencia a través del cuerpo-máquina; el artefacto arquitectónico naturaliza modos de uso espacial; las formas geométricas guían la experiencia de la arquitectura, y al mismo tiempo juegan un papel secundario en la configuración de memorias espaciales.* En la quinta dimensión (5D) o memoria de lo posible, la experiencia espacial se actualiza en grado B a partir de la selección semi consciente de memorias virtuales o imaginarias, aquí las pautas de uso son configuradas mediante la recuperación de historias; algunos apuntes teóricos que se relacionan con la 5D son: *las tradiciones espaciales están directamente relacionadas con el proceso de actualización (experiencia); los elementos formales figurativos facilitan la experiencia del espacio tetradimensional; la sombra de la 5D se expresa a través de la conexión entre elementos particulares y de concreción; la percepción de equilibrio y seguridad se traslada del cuerpo al espacio, creando elementos estructurales del segundo orden.*

Las actualizaciones de la sexta dimensión (6D), o memoria del polipliegue, pertenecen al grado C, y ocurren con el doblez de recuerdos espaciales hiperreales; algunos apuntes teóricos que se relacionan con la 6D son: *Los procesos de virtualización espacial posibilitan el uso cotidiano de la arquitectu-*

ra; los adornos, tanto materiales como inmateriales, expresan experiencias arquitectónicas de uso; el ritmo de la experiencia espacial se construye a partir de los mensajes que envía la red de elementos arquitectónicos; el deseo es uno de los elementos de partida para para la experiencia espacial; la flexibilidad de uso espacial constituye un gesto de resistencia contra la materialidad arquitectónica (Fig. 4.4). Por último, en la memoria activa, o séptima dimensión (7D), el proceso de actualización ocurre en el circuito profundo de la interface, los hiperrelatos actúan como guías de la experiencia espacial; la repetición del simulacro o performance cotidiano realiza una reconstrucción topológica de la realidad del artefacto arquitectónico y durante el proceso se borran todas las referencias origen (¿reales?); algunos apuntes teóricos que se relacionan con la 7D son: *el deseo es uno de los elementos de partida para para la experiencia espacial; las formas virtuales pueden ser consideradas hiper-formas; la forma de la geografía de la primera escala sustituye en la memoria a la forma general del artefacto.*

Todos los elementos del universo arquitectónico, algunos mencionados en el capítulo anterior, pueden conectarse entre sí, por ejemplo, el color, la textura y la luz ayudan a definir las formas superficiales del artefacto; de esta manera, si las caras del volumen tienen superficies reflectantes y pulidas, entonces la masa podría percibirse como esfumada, mientras que otro tipo de texturas pudieran "reconfigurar" la percepción de la materialidad arquitectónica. El trabajo conjunto de las esferas conceptuales (funciones, sistemas estructurales, formas y espacios) es definido por redes de elementos; la experiencia espacial activa las conexiones entre las partes, y las uniones se suceden en distintos modos dimensionales; las redes de elementos forman mapas topológicos que se convierten en las caras virtuales del artefacto. Pero ¿Cómo se crean las redes socioespaciales?

De acuerdo con Manuel Castells, las ciudades del siglo XXI se caracterizan por la existencia de un espacio doble: el de los lugares y el espacio de los flujos, también por el dominio del tiempo sin tiempo, el hogar electrónico y la cultura de la realidad virtual; siguiendo al autor, las redes juegan un rol protagónico en la organización socioespacial, ya que construyen el patrón básico de todos los modos de vida.

Fig. 4.4 Actualización en modo C, memoria del polipliegue.
Ámsterdam, Holanda.
Fuente: Fotografía de la autora.

Castells explica que las redes están formadas por grupos interconectados de nodos y que son multicentrales, así, la importancia de un nodo depende del tipo o nivel de información contenida en él; el autor señala que, además de los datos, otro factor clave para la permanencia de un nodo, son las conexiones hechas con otros nodos. Todas las redes son programadas por protocolos de comunicación, los cuales asignan metas, establecen códigos, y definen las reglas de cumplimiento o práctica. Castells menciona que, dentro de los límites programados, los nodos utilizan la autotransformación como estrategia de supervivencia; el autor aclara que la red es la unidad, no el nodo, y que las redes representan estructuras complejas de comunicación [13]. Con respecto a la relación entre redes y seres vivos, Sebastian Seung explica que el cerebro es el órgano más complejo del cuerpo humano, y propone aproximarse a él a través del conectoma, es decir, mediante la comprensión de las conexiones hechas entre células neuronales; siguiendo al autor, las neuronas cuentan con una gran cantidad de ramas (dendritas), las cuales les permiten relacionarse entre sí hasta formar un complejo sistema de redes interconectadas; las conexiones neuronales se suceden por el simple contacto neurona-neurona; sin embargo, Seung aclara que la conexión es llamada sinapsis sólo cuando existe un intercambio de información. Cada neurona cuenta con receptores y neurotransmisores situados en los lados opuestos de las células, el autor señala, que las sinapsis se fortalecen cuando las biomoléculas de la información aumentan, y se debilitan o desaparecen cuando el flujo de mensajes disminuye.

  Seung entiende este proceso de crear-eliminar como un fenómeno de reconexión neuronal, y aclara que su importancia radica en la estrecha vinculación que existe entre memoria y patrones de conexión. Los patrones de conexiones muchas veces repetidos, forman ensamblajes celulares; las sinapsis más débiles quedan fuera de los ensamblajes, existen antes de la experiencia y permanecen sin cambios después de ella, por lo que no tienen efecto sobre el recuerdo del suceso vivido. El autor explica que, aunque la red de neuronas cerebrales en principio tiene un potencial ilimitado de conexiones, los estudios más recientes señalan que sólo es viable una pequeña fracción de sinapsis, apenas decenas de miles; partiendo de este dato, Seung explora la posibilidad de un proceso aleatorio en la creación tanto de sinapsis como de patrones de conexión; desde esta perspectiva las conexiones neuronales se darían inicialmente al azar y sólo permanecerían aquellas que fueran vitales (de aprendizaje) para el funcionamiento de la red. Seung señala que la identificación del conectoma representa el primer paso para la comprensión del cerebro humano, y aclara que para un entendimiento profundo de las conexiones neuronales es importante tener conocimiento del código, es decir, elementos y detalles de conexión; sólo sabiendo el lenguaje es posible la decodificiación de la información que se comparte entre neuronas [14].

Neil Wilkins revela que la Inteligencia Artificial surgió a partir de la simulación de la red de conexiones neuronales que constituyen el cerebro humano; el autor señala que las partes principales de una neurona son: núcleo, cuerpo celular, dendritas ramificadas, axón y botones sinápticos, así el funcionamiento de la red se sucede cuando las dendritas reciben información de otra neurona, y el cuerpo celular de la neurona origen la procesa, la respuesta viaja a través del axón y llega a los botones sinápticos, los cuales envían la información procesada a la próxima neurona. Siguiendo a Wilkins, las primeras redes de neuronas artificiales surgieron en 1943; las neuronas lógicas están compuestas de dos partes llamadas f y g; la parte g funciona como una estructura de dendritas, donde se recibe la información de entrada; de este modo, g la procesa tomando decisiones que clasifica como falsas o verdaderas, y luego pasa la respuesta a f; ahora bien, para que f se active, la puntuación de estimulación debe superar el valor asignado a las de inhibición (falsas), es decir, que la conexión entre neuronas sólo se da si las entradas son clasificadas como verdaderas. El autor menciona que también las neuronas artificiales se conectan para formar sinapsis, y que existen diferentes tipos de neuronas artificiales, algunas, además de intercambiar valores verdaderos o falsos, pueden pasar información fundamentada en valores ponderados. Wilkins señala que las redes de neuronas lógicas representan una pequeña parte de la Inteligencia Artificial General, los algoritmos simples y complejos todavía están muy lejos de imitar el comportamiento del cerebro humano [15].

Hablando de redes y espacio, Shields señala que desde la perspectiva euclidiana el artefacto arquitectónico es estático; sin embargo, el autor argumenta que al establecer redes espaciales es posible imaginar muchas formas de la misma materialidad. Shields plantea la necesidad de un cambio en la estructura de redes convencionales, el autor propone un ensamblaje topológico, el cual explica como un sistema abierto de virtualidades que tensan la materialidad de las redes sin romper con ella, a través de este proceso se prioriza la flexibilidad de las conexiones, más allá del equilibrio entre elementos. Shields argumenta que las redes topológicas son herramientas que permiten el ensayo del porvenir, ya que sus nodos representan unidades vivas y continuas; el autor señala que la topología cultural construye relaciones transitorias, las cuales modifican las conexiones estables de la red, creando espacios liminales periféricos que actúan sobre la realidad cotidiana [16].

El método aquí propuesto combina conectomas, redes de inteligencia artificial, y redes topológicas. De lo escrito en párrafos anteriores se seleccionaron las siguientes ideas: los conectomas muestran las uniones entre células neuronales; las conexiones son llamadas sinapsis cuando existe intercambio de información entre neuronas; las conexiones se realizan a partir de dendritas y esto provoca que existan diferentes grados de vinculaciones sinápticas; la reconexión neuronal sirve para eliminar sinapsis débiles, así como para crear nuevas uniones; las sinapsis sobreviven gracias a la repetición de patrones de conexión; los patrones de conexión se originan a partir de un proceso de selección aleatoria, y se consolidan de acuerdo al grado de importancia con respecto al funcionamiento de la red. Por último, las neuronas artificiales tienen dos partes llamadas f y g, una de ellas recibe la información, la otra la procesa y determina si es falsa o verdadera provocando la activación de f (envío de información); la conexión entre neuronas depende del resultado de la evaluación de los datos recibidos. La primera contextualización de la teoría se refiere al funcionamiento básico de la red; así, en las redes socioespaciales los elementos representan a las neuronas; los fundamentos teóricos (información) están divididos según el modo de actualización dimensional y actúan como dendritas ramificadas; cada uno de los elementos o nodo, está dividido en dos partes interconectadas, g indica cuáles enunciados existen en él, mientras que f, recibe detalles de la información compartida; la debilidad o fortaleza de la sinapsis dependerá del número de enunciados (pistas de actualización) encontrados.

Desde siempre los arquitectos, tanto teóricos como prácticos, hemos estado obsesionados con el registro de la realidad, de ahí que todos los mapas se hagan a partir de lo observado, o bien de los recuerdos de la experiencia espacial plasmados en la materialidad arquitectónica. A la gran mayoría de los expertos les interesa graficar lo que sucede, es decir, el espacio formado por la percepción del cuerpo y la afectación de la red de relaciones que configuran el contexto; desde esta perspectiva el cuerpo es entendido como el vínculo o medio entre el espacio creado desde el artefacto arquitectónico y el espacio exterior o contenedor de dicho artefacto. Sin embargo, cabe preguntarse si es posible mapear con exactitud la experiencia real: todo parece indicar la imposibilidad del registro exacto de la práctica. Las dimensiones espaciotemporales propuestas en este capítulo representan sólo un acercamiento al fenómeno de la experiencia, son apuntes para la inversión epistemológica de la arquitectura, funcionan como los definidores del post (lo que sigue) con respecto a la disciplina; una de las características de las dimensiones espaciales es que son paralelas entre sí, lo que significa que alguien que experimenta la 4D no puede saber lo que sucede en la 5D; la certeza de la existencia de dimensiones de nivel superior ocurre gracias a la sombra que la otra dimensión proyecta.

Montaner explica que los diagramas fueron las herramientas gráficas utilizadas por los movimientos racionalistas, surgidos durante los comienzos del siglo XX; la reinterpretación arquitectónica de esta iconografía resultó en cuadros comparativos y esquemas complejos de organización sistémica, los cuales fueron evolucionando hasta convertirse en diagramas digitales y paramétricos. De acuerdo con el autor, el diagrama es un concepto geométrico creado por los griegos, quienes en una sola palabra combinaron los significados "a través de" y "cosa escrita". Pensadores y artistas de la época barroca recuperaron el diagrama como instrumento de representación de experiencias no lógicas; mientras que en la cultura oriental, el proto diagrama se utilizó para relacionar vocablos, formas, artefactos arquitectónicos y contexto urbano. Siguiendo a Montaner, el diagrama, como instrumento de expresión, permite conceptualizar y comunicar emociones humanas, es decir, experiencias espaciales de la vida diaria; el autor señala que los diagramas arquitectónicos han sido utilizados para resumir y representar la realidad circundante; por ejemplo, el diagrama de los elementos clásicos (órdenes) estableció una idea del espacio arquitectónico fundamentada en la proporción y armonías rítmicas, desde donde se definieron normas de experiencia; mientras que el "hombre de Da Vinci" y los esquema de arquitectura primitiva definieron la imagen de los cuerpos y la relación de la especie humana con la naturaleza. El autor explica que los diagramas de la arquitectura moderna fueron pieza clave para consolidar el enfoque patriarcal del espacio social; también fueron fundamentales para establecer los esquemas de organización de áreas como la abstracción del proyecto arquitectónico [17].

Para Montaner, la interpretación contemporánea del diagrama se fundamenta en el lenguaje geométrico y/o gráfico, el cual sirve para plantear posibilidades espaciales a partir de relaciones y flujos, es decir, fuerzas graficadas que se construyen combinando aspectos reales (energías físico-sociales) y de proyecto; el autor señala que los diagramas arquitectónicos no son estáticos, sino que constituyen la anticipación de la arquitectura, son abstracciones en proceso, ideas que sintetizan datos tomados del contexto, el programa arquitectónico y la cultura. Montaner explica que los diagramas traducen la compleja relación que existe entre energías físicas y sociales; de acuerdo con el autor, los diagramas son procesos abiertos a través de los cuales se materializa lo inmaterial; así los diagramas pueden ser conceptos o instrumentos, como herramientas de análisis permiten el reconocimiento exacto de lo real; los diagramas pensados como conceptos mapean lo real como punto de partida de la acción. Dentro de la arquitectura y el urbanismo existen diagramas funcionalistas, metodológicos, posestructuralistas, paramétricos, y diagramas feministas; Montaner explica que, desde el siglo XIX, apareció un tipo diferente de diagrama que sistematizaba el uso del espacio doméstico; así, la casa se constituye como "algo vivo", donde las acciones de los usuarios desplazaron el protagonismo de las cosas, incluidos muebles y materialidad arquitectónica. El autor señala que el buen uso de los diagramas arquitectónicos radica en el viaje constante entre realidad y abstracción [18]. (Fig. 4.5)

Post-arquitectura. Notas sobre geografías invisibles

Fig. 4.5 Primeros diagramas topológicos; la figuración como guía de la abstracción. Tokio, Japón. Fuente: Fotografía de la autora.

Siguiendo a Fernando Lara, la abstracción es un privilegio que ejerce el poder, el autor se refiere a la abstracción hegemónica que borra las otras formas del espacio-tiempo; Lara explica que a partir de la abstracción única se perpetúa el espacio instrumental o capitalista, lo que resulta en el entendimiento del espacio como superficie indiferenciada, y la consecuente cancelación de la memoria espacial. Así el autor propone decolonizar la comprensión del espacio, mediante el rescate de toda referencia natural, es decir, aquellas referencias relacionadas con los gestos cotidianos; Lara plantea una des-reducción de la geografía artificial, y una reincorporación de la noción espacial de todos los cuerpos vivos y su relación con el paisaje [19]. Ahora bien, si consideramos el enunciado general de este documento, aquel que dice que la experiencia es el *Big Bang* del fenómeno arquitectónico, y que a partir de ella el artefacto se convierte en una superposición de mapas topológicos; entonces la dinámica de los diagramas de los que habla Montaner tendría que cambiar por completo, es decir, que para tener alguna referencia de los múltiples espacios creados a partir de la experiencia, es necesario crear diagramas que muevan los límites impuestos por las representaciones gráficas que de la realidad se hacen, y que al mismo tiempo construyen lo real; así, los diagramas de la experiencia tendrían que revolucionar a *dragamas*.

Según Gilles Deleuze el diagrama es un mapa abierto donde las fuerzas espacio-sociales, en apariencia caóticas, constituyen el punto de partida de lo que es, de lo que fue, de lo que será. Deleuze entiende el diagrama como un instrumento de movimientos y gestos, los cuales tejen el pensamiento de la máquina-cuerpo; siguiendo la perspectiva *deleuziana*, el diagrama va más allá de las estructuras presentadas en los esquemas convencionales, para el autor es el diagrama el que configura constantemente a la materia, y no al revés [20]. A partir de los gestos espacio-corporales se propone una reconfiguración del mapa abierto *deleziano*; aquí los *dragamas* se definen como instrumentos disruptivos; los cuales permiten la *queerización* de la abstracción hegemónica; este proceso desvela muchas nuevas geometrías a las que llamaremoso abs*drag*cciones *queen*. De acuerdo con el diccionario, la palabra *drag* significa arrastrar, y dentro de la cultura *queer* [21], el vocablo compuesto *drag queen* hace referencia a una forma de arte pop que expresa modos de vida de las comunidades LGBTQ+; así, lo *drag* constituye una declaración de resistencia colectiva frente a la norma; el arte *drag* construye procesos revolucionarios, los cuales se caracterizan por redefinir conceptos socialmente aceptados, por ejemplo, comunidad, familia y arte. Para muchos cuerpos, el *drag* simboliza la forma de presentarse ante el mundo, una especie de armadura-piel indispensable para encarnar el papel asignado (hombre, mujer).

Pero ¿Cuáles son las características del drag? Habría que hacer un poco de historia: en 1969, la *drag-queen* Marsha P. Johnson organiza su celebración de cumpleaños en *Stonewall Inn*, un bar clandestino localizado en la ciudad de Nueva York donde las personas *queer* (hombres homosexuales, lesbianas, *drag queens*, entre otros) podían reunirse con relativa seguridad; la noche de la celebración de Marsha, un grupo de policías llegó al lugar y pidió pago a los "cuerpos ilegales", Marsha y sus amigos se negaron, por lo que fueron violentados; en medio de la disputa Marsha P. Johnson arrojó un vaso al espejo del bar y exigió, con furia, sus derechos civiles. Los disturbios de *Stonewall* fueron el punto de partida de los actos de liberación de la comunidad LGBTQ; sin embargo, las *drag queen* y las personas transgénero fueron marginadas sistemáticamente del movimiento; ante las circunstancias, Marsha y su amiga Sylvia Rivera fundaron las casas STAR (*Street Travestite Action Revolutionaries*), con el propósito de proteger a las reinas y personas trans que habitaban las calles; la primera casa STAR permanente fue pagada, en gran medida, gracias al trabajo de prostitución de Marsha y Sylvia [22].

De esta manera el *drag* transforma la rabia y el enojo en instrumentos al servicio de la desposesión, así, el *drag* actualiza la identidad propia a partir de la vulnerabilidad; desde del *drag* se construye un lenguaje que permite la *queerización* del espacio. Siguiendo el programa de culto *RuPaul's drag race* [23], se podrían reconocer las características principales del mundo *drag queen*, como la lectura o crítica (*the reading*), la *queerización* [24] del modo (*sissy that walk*), y la sincronización labial (*lip sync*); éstas dos últimas características sintetizan el núcleo conceptual del proceso de *draguerización*, ya que el artificio del canto deconstruye la acción en capas o velos [25], a través del *lip sync* las *queens* muestran la realidad como simulacro real:

los labios cantan en sincronización absoluta la letra de la canción seleccionada, y entonces el cuerpo *queen* interrumpe el ritmo con movimientos clímax los cuales contarán otra historia, es decir, la experiencia del cuerpo transformará por completo aquello que en apariencia sólo imita. (Fig. 4.6).

Fig. 4.6 Realidades superpuestas, ejemplo en Ámsterdam, Holanda.
Fuente: Fotografía de la autora.

Con el propósito de conectar el espacio de la escala humana y el proceso de draguerización, se contextualizarán algunos términos: para efectos de este ensayo llamaremos 'cuerpo *queen* primario' a todo usuario creador de la otra arquitectura y 'cuerpo *queen* secundario' a los cuerpos dependientes [26] (por ejemplo cuerpos con útero o cuerpos trans) que habitan la arquitectura formal o académica; por otro lado, el *dragama* es el esquema resultante de la reapropiación espacial de los cuerpos *queen*; mientras que las *absdragciones* son abstracciones disruptivas o proto-*dragamas*; el *dragama* 1 surge a partir del performance cotidiano del artefacto arquitectónico, mientras que el *drgama* 2 es una interpretación visual de las *absdragcciones*. Para la realización de *dragamas* se propone tomar como punto de partida el *lyp sinc* + la queerización del modo + la red topológica de elementos; la mimética, como acción característica del *drag*, jalonea los elementos del espacio a partir del registro de las sombras dimensionales, ese jaloneo resulta en algo completamente distinto a la supuesta imitación inicial (diagrama). Para ejemplificar la construcción de *dragamas* se proponen ciertos pasos de selección aleatoria, los cuales deconstruyen tanto procesos diagramales como de cartografía abierta.

La propuesta original de *dragamatización* considera el registro-deconstrucción de las redes de elementos de las cuatro esferas conceptuales del ejercicio arquitectónico (formas, sistemas estructurales, funciones y geo-espacios); sin embargo, los ejemplos de construcción de *dragamas* se mostrarán sólo con una de las esferas: FORMAS. Una de las herramientas más usadas para el análisis del fenómeno espacial es la lectura arquitectónica; por lo general se hace una descripción del artefacto, se consultan archivos históricos y mapas, también se realizan entrevistas. El resultado se obtiene al establecer una distancia entre el objeto, los usuarios y el investigador; aquí optamos por invertir esta lógica y, rescatando la tradición filosófica de pensadores 'autocobaya' [27], se utilizará una geografía artificial significante para la obtención de información y desarrollo de *dragamas*:

Esta es una historia de casa [28]. *Be* y *A (mis abuelos paternos)* se conocieron en alguna visita al servicio médico social, pasaron muchas tardes en la plaza de los enamorados y se casaron en julio de 1951, la boda tuvo lugar en Dr. Coss, Nuevo León, el pueblo de la novia (*Be*), y la ceremonia fue como todas las bodas de los pueblos. Desde el inicio del matrimonio mis *abuelos vivieron en Monterrey, primero en la colonia Progreso en una casa de renta, debido a que A trabajaba dando clases en una escuela primaria localizada en el centro de la ciudad, después se mudaron al barrio Independencia (primera periferia urbana). En 1958 llegaron a la colonia Paraíso, la cual se proyectó como fraccionamiento campestre, con casas grandes ubicadas en media manzana de terreno, el proyecto urbano incluía cine, alberca y centro social; sin embargo, la idea original no tuvo éxito, y para poder vender dividieron los lotes originales en terrenos de 7m x 25m.*

La nueva Paraíso olía a madera, todas las casas eran "tejavanes" y las calles estaban sin pavimentar. Los "tejavanes" los vendían ensamblados, listos para instalarlos, el crédito para la casa lo obtuvieron con un amigo del pueblo. Be estaba enferma de asma, así que su padre compró el predio vecino con la intención de vivir junto a ella, pero nunca se concretó el proyecto; el "tejaván" de Be y A se instaló en ese terreno. La casa de madera quedó terminada con pintura vinílica en color verde, tenía ventanas al oriente, y la entrada principal hacia el sur (Fig. 4.7); en un principio, el techo era de lámina de cartón y luego se sustituyó por uno de lámina de zinc, las tejas nunca llegaron; la primera casa de Be y A era un cuarto, un cuarto grande de 5m x 5m y una cocina del mismo material, nada más; en la cocina había una estufa de petróleo, al fondo del terreno había una letrina de pozo, para las divisiones interiores se utilizaban mamparas hechas con retazos de tela; había una mesa para comer, catres, camas, y suelo. En el patio había árboles frutales, papaya, higuera, limones; A tenía un almácigo; también tenía, gallinas, un pato, un borrego.

La casa de "material" se construyó en el lote que compraron A y Be, la nueva casa era un cuarto largo y grande, la cocina en la parte de atrás y al fondo el baño, después se fue completando hasta quedar un cuarto de 4m x 7m con mamparas en el interior, para hacer las divisiones necesarias, y el resto del terreno, 3m x 7m, se utilizaba como terraza para salir y sentarse a "ver pasar la gente"; el techo era de lámina, los muros estaban recubiertos con mortero de arena cemento y pintura hecha a base de cal y los pisos eran de concreto de superficie pulida con base en cemento.

Fig. 4.7 Memoria actualizada de la casa-tejaván, ejemplo localizado en Guadalupe, Nuevo León, México.
Fuente: Fotografía de la autora.

Esta vez el crédito para la construcción se obtuvo en una tienda de materiales ubicada en la colonia Independencia. Después de esta primera etapa (cuando Be y A "agarraron" valor, porque nunca "agarraron agua los arroyos"), construyeron dos cuartos al fondo, ubicados en el límite norte del predio. El "cuarto grande" se dividió en tres habitaciones, dos de ellas servían como recámaras y la restante seguía siendo la cocina, las mamparas se petrificaron formando los muros interiores; en el área que se utilizaba como terraza, se construyó otro cuarto y un pequeño pórtico.

Los muros estaban recubiertos con mortero de arena cemento y pintura vinílica, los pisos eran de pasta y como cubierta se construyó una placa sólida de concreto armado. Una vez terminada esta etapa, se edificó la segunda planta formada por dos cuartos y la escalera para comunicar los niveles. Para ese entonces A y Be ya habían hecho, o hablando en sentido bíblico, concebido nueve hijos (A.hache, Ele, Ge, Be.hache, Ce, Che, Eme, Erre, Ele.pe) [29]; así, vivían en esa casa once personas además de una hermana de Be quien había llegado a la ciudad para estudiar; la necesidad de otro cuarto de baño era evidente. Be quería un buen cuarto de baño, amplio, con azulejo, con la regadera y el retrete juntos, un buen baño; el mayor de los hijos, A.hache, le ayudó a conseguir los materiales y el albañil; el azulejo era de segunda, el baño se proyectó pegado a los cuartos del fondo; el baño quedó construido en el lado oriente, con la intención de que cuando se construyera un baño en la planta alta se tuviera facilidad con las instalaciones. Al fin se completó la casa: dos niveles, al frente un pórtico con reja, sala, cocina, seis cuartos (cuatro en planta baja, dos en planta alta), lavandería, dos baños completos, un patio con cochera techada (el antiguo tejaván) y una inmensa terraza.

Las modificaciones al inmueble se hicieron mucho después, la primera la propuso uno de sus hijos; por ese tiempo, A habitaba los cuartos del fondo, y Be dormía en una de las recámaras del frente porque no quería molestarlo con las crisis de asma que eran cada vez más frecuentes, una tarde, A.hache llegó de visita y se dio cuenta que el cuarto donde dormía Be era oscuro, sin ventilación y estaba húmedo, entonces se tumbaron dos paredes y quedó sala-comedor y cocina con barra para de-

sayunar; Be se cambió al cuarto de al lado que era más grande y tenía ventanas al sur y al oriente, con la reforma se iluminó esa parte de la casa y se respiraba mucho mejor. A murió en 1988 y Be dos años después, en la casa que construyeron se quedaron las hijas solteras, Eme y Erre en los cuartos de arriba, Che y sus dos hijos en las recámaras del fondo, y Elle.pe en el cuarto que era de Be. (Fig. 4.8)

Fig. 4.8 Actualización en modo D, memoria activa.
Casa de A y Be localizada en Guadalupe, México.
Fuente: Fotografía de la autora.

En la planta alta, Eme construyó el tercer baño y una sala de estudio, para el proyecto le pidió ayuda a su sobrina D (yo) quien era estudiante de arquitectura, la propuesta incluía vanos con fijos de cristal transparente para ver el cerro de "La Silla", pérgola de vigas de concreto como elemento de unión entre volúmenes, y tina en el baño. Los primeros cambios hechos a la casa fueron de apariencia, se tiró el "tejaván" y se sustituyó por un techo de lámina acanalada que cubriera los autos del granizo o el exceso de sol; se sembró un ficus con copa en forma de esfera sobre la banqueta, luego se quitaron los árboles frutales del patio, quedando sólo un limonero y se sustituyó el piso de tierra por un firme de arena cemento con acabado escobillado como símbolo de modernidad. Después se cerró la lavandería colocando una puerta ventana de cristal transparente, con tracería de aluminio recubierta con pintura vinílica blanca, que secciona la superficie en módulos rectangulares, la puerta es de doble hoja, y sobre cada una de ellas aparece un arco de medio punto fungiendo como montante. La siguiente intervención fue a la estructura, debido a las grietas que había en los muros se contrató a un ingeniero para colocar zapatas como refuerzo de apoyos.

Los cambios subsecuentes fueron de uso de área; con el propósito de dar empleo a la más joven de la familia (Ele.pe), se decidió utilizar parte de la recámara sur como papelería (comercio), y por las noches se vendían tacos y antojitos mexicanos en el patio; los negocios no funcionaron y después de un año la recámara de Ele.pe recuperó sus dimensiones originales. En 1998 se casa Erre y en 2002, Ele.pe, entonces Eme decide independizarse y dejar la casa. Los habitantes del inmueble se reagruparon en 2 familias distintas constituidas por 3 integrantes cada una. Ele.pe y su familia, ocuparon la parte del frente, mientras que Che y sus dos hijos se mantuvieron en los cuartos del fondo; el segundo piso quedó deshabitado. Durante diez años (2002-2012) los movimientos de ocupación de territorio fueron constantes; en 2014 se llevó a cabo la última remodelación. Ele. pe ocupó toda la parte del frente, reconvirtiendo sala y comedor en recámaras; los hijos de Che construyeron una cocina provisional bajo la escalera; las áreas compartidas son sala comedor y patio, el segundo piso sigue abandonado, en desuso. La casa de A y Be ha sufrido transformaciones de perfomance (modos de uso), más que de forma. Es el año 2021.

Post-arquitectura. Notas sobre geografías invisibles

Ya no están mis abuelos, ni el tejaván, ni los pisos de tierra, ni los árboles en el jardín; ni los catres en la azotea, ni todas las voces, ni todos los cuerpos; sin embargo, la experiencia en esta casa-espacio es a la vez diferente, pero aquella; y entonces, de alguna manera, la casa que habito es otra, pero ésta.

A partir de la lectura personal de un artefacto arquitectónico es posible organizar la información de cada esfera conceptual, aquí se propone la utilización de los fundamentos teóricos explicados en el capítulo anterior. En el caso de la esfera FORMAS, los enunciados que definen el conjunto son los siguientes: *El lenguaje geométrico es predominante en las formas arquitectónicas. Las formas generales de los artefactos se definen a partir de la superposición de figuras y abstracciones. El color, la luz, la textura y la posición ayudan a definir las formas del artefacto. En el proceso de percepción formal, la experiencia anterior es determinante. Las formas en la arquitectura tienen una interpretación poli-simbólica; los símbolos también pueden manifestarse a través de cantidades o posiciones.*

En la etapa primera del proceso de significación, elementos y subelementos se usan para darle carácter simbólico a la apariencia del edificio. Finalmente, los arquetipos representan el punto de partida para la construcción de una red infinita de conexiones mentales donde un mismo símbolo material (forma) puede hacer referencia a varios arquetipos. Para obtener los datos de configuración del *dragama* 1, lo primero que hay que hacer es registrar la existencia del fundamento teórico y luego indicar las características de presentación, las cuales son obtenidas de la traducción espacial de la historia del artefacto (Tabla 4.1) (Tabla 4.2). La lectura arquitectónica personal, de tradición autocobaya, es aquella que reafirma constantemente el #Yo soy est@ pero también el otro. Como segunda fase de la espacialización [30] es necesario identificar los elementos conectados en cada presentación del enunciado existente, por ejemplo: en una de las posibles interpretaciones de las FORMAS de la casa de mis abuelos paternos, el enunciado 5, *Las formas en la arquitectura tienen una interpretación poli-simbólica*, se presenta como *Las formas del antiguo tejaván ayudan a reforzar la idea de casa. Las imágenes de santos en el acceso principal se refuerzan con las esculturas de tres dimensiones de "los peregrinos" colocados en el pórtico.*

El cuadro de "La última cena" sigue en la cocina; en la pared re-construida se colocó un santo y un pequeño altar, convirtiéndose así en la fachada y acceso principal al cuarto-casa de Ele pe ; espacializando lo anterior se puede decir que los elementos particulares encontrados son *ritmo, carácter, escala, equilibrio, materiales, direcciones, jerarquía, mobiliario, número, posición, flexibilidad, contexto artificial*; esta segunda traducción o identificación de red de elementos espaciales también considera los elementos de concreción y los componentes socioculturales (Tabla 4.3) (Tabla 4.4). Siguiendo las explicaciones dadas con respecto a los aspectos teóricos del espacio, los elementos de la geografía artificial pueden conectarse de 28 maneras distintas, es decir, que los fundamentos teóricos o enunciados, actúan como protocolos de comunicación; el *dragama 1* o mapa topológico de las FORMAS de la casa A y Be estará definido por 7 diferentes geometrías, las cuales resultan de la conexión de elementos identificados (Fig. 4.9).

Ahora bien, para que una conexión de elementos resulte importante y construya patrones de conexión, es necesario el intercambio de información (sinapsis), por ejemplo, en el *dragama* 1, enunciado 5, algunos de los elementos conectados son *carácter, mobilirario, puerta ventana, símbolos e in-*

stituciones-poder; estos elementos al conectarse comparten detalles como *prismas rectangulares y triangulares, tejaván-casa-castillo; alberca plástico, casa-castillo plástico, peregrinos, árbol natural- mecedoras sillas mesas; arco de ½ punto, montante acceso al artefacto, tracería polígonos cuadrados; refugio-casa- familia heteropatriarcal.*

De esta manera el material de la sinapsis o información de intercambio reconfigura constantemente las geometrías del *dragama* 1 (Tabla 4.5) (Tabla 4.6). Llegado este punto, toca identificar los patrones de conexión para reconocer en ellos el gesto disruptivo que lleve al *dragama* 2; el uso del artefacto arquitectónico convertido en experiencia espacial establece el performance cotidiano, a partir de la repetición de movimientos, es decir la *draguerización* o jaloneo del espacio, se desvela un nuevo lenguaje en código, el cual construye la canción para *el lypsinc* de la experiencia; cabe señalar que la experiencia espacial, en cualquiera de sus dimensiones, resulta de movimientos repetitivos cuyo ritmo es interrumpido por ciertos efectos de los patrones de conexión más significativos (movimientos climax).

Así, el *lypsinc* del código de identificación resulta en una *absdragción queen*, desde donde se desvela el vasto universo de geografías invisibilizadas (Tabla 4.7) (Tabla 4.8). El código de identificación se obtiene abreviando cada uno de los elementos registrados en los patrones de conexión; para el proceso de síntesis se propone usar las primeras letras del nombre del elemento; sin embargo, cuando los nombres son similares, pueden utilizarse más letras para la abreviación. Cuando se proporcionan detalles del elemento se usa un guion bajo (_). Los códigos están separados por esferas conceptuales, las cuales constituyen el dominio, ejemplo, FORMAS *FOR*; los enunciados (1-7) representan el subdominio, ejemplo, *Enun1*; por último se registra el grupo de elementos: particulares Ep, concreción Ec, y socioculturales Esc. Otros signos de codificación usados son: ruta de entrada (//:), entrada a subdominio (:), cambio de subdominio (/), que conecta con (.), igual a (=), además o y (&). [31]

A partir de las *absdragciones queen,* o proto-*dragamas*, se pueden imaginar las diferentes actualizaciones de la memoria, y con esto esquematizar la sombra dimensional de la experiencia vivida en un espacio determinado. La casa completa de A y Be se muestra en la parte superior izquierda del *dragama 2*, enseguida una imagen del alicatado de la Alhambra representa el cielo y el horror al vacío, la última cena en papel 'maché' flanquea el horizonte, lo que está a la derecha de quien mira es un árbol de limón, bajo el limonero aparece una casa de juguete, la cual simboliza el sueño americano, luego se puede observar un retrato familiar: A y Be nos protegen con un abrazo a mi hermano y a mí; en la región inferior izquierda, el dibujo de un castillo 'explica' lo que la casa es.

Sobre el castillo, mi cuerpo *queen* secundario se divierte al ver las sillas-trono en terciopelo rojo, las cuales pasan del palacio a la cabecera del comedor de aquella casa que fue tejaván. Al centro del rectángulo, el diagrama de la casa de A y Be es *draguerizado* por un nuevo lenguaje en código: tejaván-castillo-casa-cuarto redondo-acceso-arcos ½ punto-montante-castillo-casa-últimacena-trono-comedor-castillo-risas-comedor-bosque-río-castillo-horror al vacío-casas en casas-prismas-castillo-celosía-lucernario-escaleras-terciopelo-patio-tejaván-castillo-casa. (Fig. 4.10) (Fig.4.11)

Post-arquitectura. Notas sobre geografías invisibles

Tabla 4.1.
Registro de los enunciados (fundamentos teóricos);
esfera conceptual FORMAS.
Fuente: Elaboración de la autora.

Casa A y Be 1975 - 2015		(Información diagramas)
Esferas conceptuales **FORMAS**		¿Existe el enunciado?
FUNDAMENTOS TEÓRICOS	1	El lenguaje es predominante en las formas arquitectónicas.	✓
	2	Las formas generales de los artefactos se definen a partir de la superposición de figuras y abstracciones.	✓
	3	El color, la luz, la textura y la posición ayudan a definir las formas del artefacto.	✓
	4	En el proceso de percepción formal, la experiencia anterior es determinante.	✓
	5	Las formas en la arquitectura tienen una interpretación poli-simbólica; los símbolos también pueden manifestarse a través de cantidades o posiciones.	✓
	6	En la etapa primera del proceso de significación, elementos y subelementos se usan para darle carácter simbólico a la apariencia del edificio.	✓
	7	Los arquetipos representan el punto de partida para la construcción de una red infinita de conexiones mentales donde un mismo símbolo material (forma) puede hacer referencia a varios arquetipos.	✓

Tabla 4.2.
Traducción de los enunciados,
descripción arquitectónica; esfera conceptual FORMAS.
Fuente: Elaboración de la autora

Casa A y Be 1975 - 2015		(Información diagramas)
Esferas conceptuales **FORMAS**		¿Cómo se presenta?
FUNDAMENTOS TEÓRICOS	1	Las formas generales de la casa de A y Be están constituidas por 2 prismas de base rectangular superpuestos entre sí; Las formas masa son predominantes y dan el carácter de casa.
	2	La reja del pórtico agregó formas espaciales y abstractas a la percepción general de la vivienda. Los ornatos figurativos se encuentran separados de la materialidad del artefacto: alberca, casa-castillo, peregrinos, árbol.
	3	Los colores de la casa de A y Be son en tonalidades de beige y terminación ocre; el juego cromático se utiliza para representar el arquitrabe-remate como elemento estructural. Los colores de la casa cambiaron a tonos de verde; la cocina-comedor sala se percibe más grande gracias a la luz y el color de las paredes. La apariencia bicolor (ahora beige/ terracota) refuerza las formas geométricas de la casa.
	4	El arco de la puerta ventana simula un elemento estructural. El tejaván-garaje fue sustituido por un techo de lámina sobre estructura de metal; el muro principal lleno de cuadros fotográficos, y el mobiliario temporal, construyen espacios que modifican la forma "real" del objeto (hiperformas).
	5	Las formas del antiguo tejaván ayudan a reforzar la idea de casa. Las imágenes de santos en el acceso principal se refuerzan con las esculturas de tres dimensiones de "los peregrinos" colocados en el pórtico. El cuadro de "La última cena" sigue en la cocina; en la pared re-construida se colocó un santo y un pequeño altar, convirtiéndose así en la fachada y acceso principal al cuarto-casa de Ele pe.
	6	La casa se personaliza al poner estampas de santos en el acceso principal; En la cocina-comedor Be tiene una copia de la "última cena" de Leonardo da Vinci. El cuadro podría tener la intención de hacer de cada comida un acto "sagrado". En los días de verano se coloca una alberca de plástico para que los niños jueguen en el agua y resistan el calor, la alberca se coloca al lado del castillo y éste está bajo la sombra de un limonero.
	7	La apariencia híper-formal (interior) se relaciona con los arquetipos salud/enfermedad, vida/muerte. En el patio se colocó un castillo de plástico para que los nietos más pequeños jueguen. Con el tiempo, la relación inicial con pares de contrarios, desapareció; el deseo fue sustituido por un fuerte sentimiento de nostalgia.

Tabla 4.3
Segunda traducción de los enunciados,
identificación de elementos; esfera conceptual FORMAS.
Fuente: Elaboración de la autora.

Casa *A* y *Be* 1975 - 2015		(Información diagramas) deconstrucción
	Esferas conceptuales y elementos particulares	¿Cuáles elementos?
	FORMAS	
TEÓRICOS	1. Proporción, armonía, asimetría, correspondencia, carácter, escala, equilibrio visual, equilibrio de fuerzas, materiales, esfuerzos, organización, dimensiones, límites, geometría, tecnología, contexto artificial, suelo.	
	2. Correspondencia, textura, carácter, escala, equilibrio, multimedia, organización, vegetación, jerarquía, mobiliario, posición, contexto natural.	
	3. Correspondencia, color, textura, carácter, luz, equilibrio visual, direcciones, jerarquía, límites, geometría, posición.	
FUNDAMENTOS	4. Correspondencia, color, carácter, escala, luz, equilibrio visual, organización, jerarquía, dimensiones, vegetación, mobiliario, límites, geometría, posición.	
	5. Ritmo, carácter, escala, equilibrio, materiales, direcciones, jerarquía, mobiliario, número, posición, flexibilidad, contexto artificial.	
	6. Proporción, correspondencia, ritmo, textura, carácter, escala, luz, equilibrio, organización, jerarquía, límites, topología, posición, movimiento, contexto artificial.	
	7. Correspondencia, ritmo, carácter, escala, equilibrio, organización, direcciones, flujos de uso, jerarquía, mobiliario, flexibilidad, movimiento, contexto natural, contexto artificial.	

Tabla 4.4
Segunda traducción de los enunciados,
identificación de elementos; esfera conceptual FORMAS.
Fuente: Elaboración de la autora.

Casa *A* y *Be*
1975 - 2015

(Información diagramas)

Esferas conceptuales y elementos particulares

¿Cuáles elementos?

FORMAS

FUNDAMENTOS TEÓRICOS

#	Elementos
1	Pilar recto de sección cuadrada, muros, puertas, ventanas, arco de ½ punto, tracería, friso cromático, pórtico, rejas, cubierta plana; economía, necesidad, tradiciones, signos, símbolos, actividades, saberes, eficiencia.
2	Pilar recto de sección cuadrada, muros divisorios y cargadores, puertas, ventanas, arco de ½ punto, tracería, montante, friso cromático, pórtico, terraza, rejas, cubierta plana, mobiliario; nostalgia, tradiciones, instituciones, signos, símbolos, consumo, deseo.
3	Muros, puertas, ventanas, tracería, friso cromático, arquitrabe-remate, rejas, cartelas (cuadros), patio lateral, escaleras, lucernario, cubierta plana; nostalgia, tradiciones, instituciones, signos, símbolos, deseo.
4	Pilar recto, muros, puertas, ventanas, tracería, friso cromático, pórtico, cartelas (cuadros), cubierta plana; tradiciones, instituciones, signos, símbolos, actividades, saberes.
5	Muros, puertas, ventanas, arco de ½ punto, tracería, friso cromático, pórtico, rejas, cubierta plana; economía, necesidad, tradiciones, signos, símbolos, saberes, instituciones.
6	Muros, puertas, ventanas, friso cromático, arquitrabe-remate, rejas, cartelas, escaleras, pérgola, cubierta plana; nostalgia, consumo, signos, símbolos, deseo, instituciones-poder.
7	Muros, puertas, ventanas, arco de ½ punto, tracería, friso cromático, pórtico, rejas, cubierta plana; tradiciones, signos, símbolos, deseo, consumo, nostalgia, instituciones-poder.

Post-arquitectura. Notas sobre geografías invisibles

Fig.4.9
Conexión de elementos, geografías invisibles
de la esfera conceptual FORMAS.
Fuente: Elaboración de la autora.

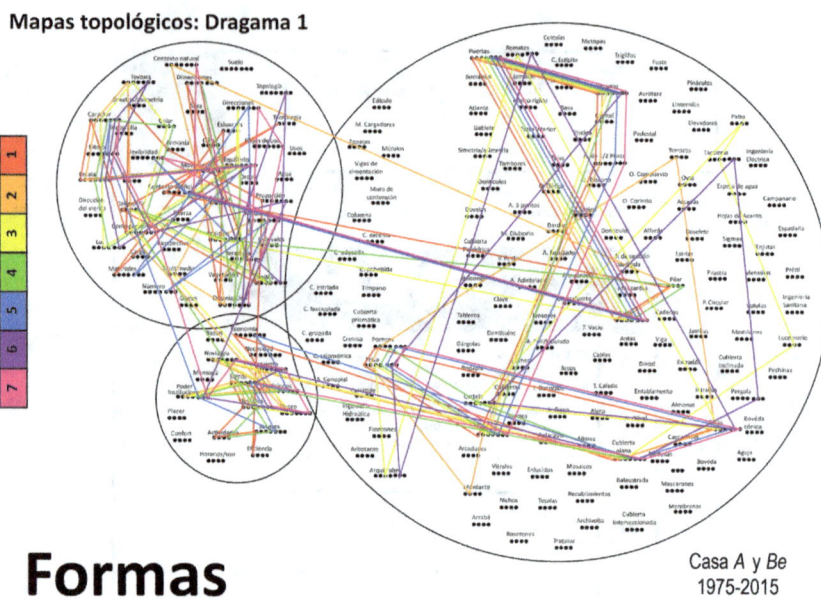

Formas

Casa *A* y *Be*
1975-2015

Cada uno de los círculos contiene direferentes grupos de elementos; el círculo de mayor tamaño, organiza los elementos de concreción; en la esquina superior izquierda se encuentran los elementos particulares; finalmente, en el círculo más pequeño, se agrupan los socioculturales. Los enunciados o subdominios están representados por distintos colores, los cuales muestran una síntesis aleatoria de las conexiones creadas en el dominio FORMAS del artefacto estudiado; el período comprendido abarca 40 años. Las geometrías resultan de la información (sinapsis) compartida entre elementos.

Tabla 4.5
Tercera traducción de los enunciados,
identificación de conexiones (sinapsis).
Fuente: Elaboración de la autora.

Casa A y Be 1975 - 2015		(Información diagramas) deconstrucción
Esferas conceptuales y elementos de concreción/sociales		Material sinapsis
FORMAS		
TEÓRICOS	1	Pilar **recto de sección cuadrada**, muros **exteriores**, puertas, ventanas, arco de ½ punto **montante acceso al artefacto**, tracería **polígonos cuadrados**, friso **cromático naranja**, pórtico espacio tipo exterior, rejas **romboides**, cubierta **plana**...
	2	Pilar **recto de sección cuadrada**, muros **divisorios y cargadores**, puertas, ventanas, arco de ½ punto **montante acceso al artefacto**, tracería **polígonos cuadrados**, friso **cromático naranja**, pórtico **espacio tipo exterior**, rejas romboides, cubierta **plana**, mobiliario...
	3	Muros **exteriores**, **puertas- ventana acceso principal**, ventanas, tracería **polígonos cuadrados**, friso **cromático ocre** arquitrabe-remate **cromático color ocre**, rejas **romboide**, cartelas **cuadros**...
FUNDAMENTOS	4	Muros **exteriores**, **puertas- ventana acceso principal**, ventanas, tracería **polígonos cuadrados**, friso **cromático ocre** cartelas **cuadros**, **cubierta plana**...
	5	Muros **divisorios y cargadores**, puertas, ventanas, arco de ½ punto **montante acceso al artefacto**, tracería **polígonos cuadrados**, friso **cromático naranja**, cartelas **cuadros**, **cubierta plana**...
	6	Muros, **puertas- ventana acceso principal**, ventanas, tracería **polígonos cuadrados**, friso **cromático ocre** arquitrabe-remate **cromático color ocre**, rejas **romboide**, cartelas **cuadros**...
	7	muros **exteriores**, puertas, ventanas, arco de ½ punto **montante acceso al artefacto**, tracería **polígonos cuadrados**, friso **cromático naranja**, pórtico **forma espacial**, rejas **romboides**, cubierta **plana**...

Tabla 4.6
Tercera traducción de los enunciados,
identificación de conexiones (sinapsis).
Fuente: Elaboración de la autora.

Casa *A* y *Be* 1975 - 2015			(Información diagramas) deconstrucción
	Esferas conceptuales y elementos de concreción/sociales		Material sinapsis
	FORMAS		
FUNDAMENTOS / **TEÓRICOS**	1	…economía **costo construcción**, necesidad **refugio**, tradiciones **constructivas casa del pueblo**, signos **habitar**, símbolos **refugio casa familia**, actividades **usos vivienda**, saberes **organización espacial**, eficiencia **utilidad**.	
	2	…nostalgia **simulaciones de uso a través de las formas**, tradiciones **constructivas casa del pueblo**, instituciones **familia heteropatriarcal**, signos habitar, símbolos **refugio casa familia**, consumo **casa-castillo**, deseo **castillo-campo**.	
	3	…patio **lateral**, escaleras, lucernario **forma cuadrangular**, cubierta **plana**, nostalgia **simulaciones de uso a través de las formas**, tradiciones **constructivas casa del pueblo**, instituciones **familia heteropatriarcal**, signos habitar, símbolos **refugio casa familia**, deseo **castillo-campo**.	
	4	…tradiciones **constructivas casa del pueblo**, signos **habitar**, símbolos **refugio casa familia**, actividades **usos vivienda**, saberes **organización espacial**.	
	5	…economía **costo construcción**, necesidad **refugio**, tradiciones constructivas **casa del pueblo**, signos **habitar**, símbolos **refugio casa familia**, saberes **organización espacial**, instituciones **familia heteropatriarcal**…	
	6	…nostalgia **simulaciones de uso a través de las formas**, instituciones **familia heteropatriarcal**, signos habitar, símbolos **refugio casa familia**, consumo **casa-castillo**, deseo **castillo-campo**.	
	7	…nostalgia **simulaciones de uso a través de las formas**, instituciones **familia heteropatriarcal**, signos habitar, símbolos **refugio casa familia**, consumo **casa-castillo**, deseo **castillo-campo**.	

Diana Maldonado

Tabla 4.7
Cuarta traducción, codificación de sinapsis;
registro de movimiento disruptivo. Primera absdragción queen.
Fuente: Elaboración de la autora.

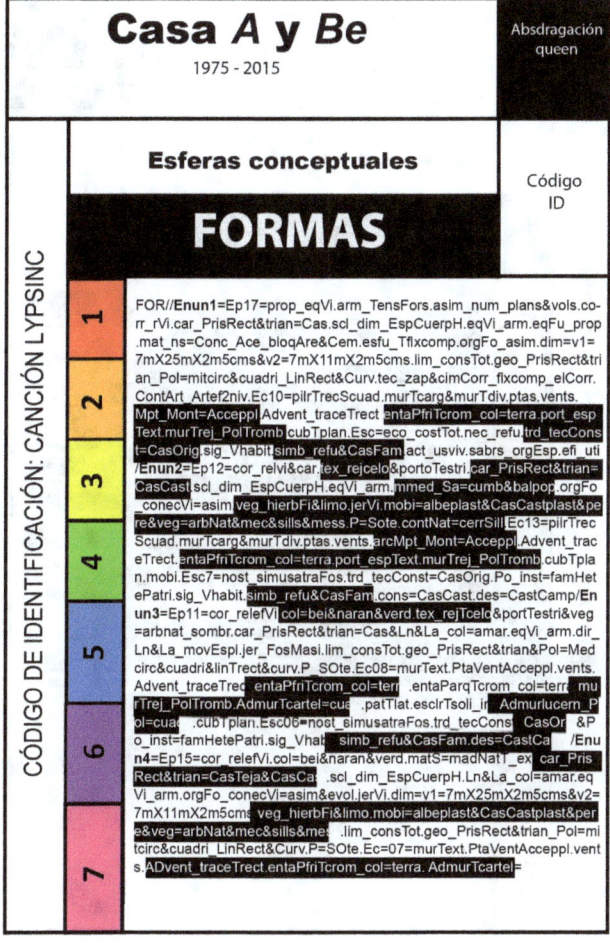

Post-arquitectura. Notas sobre geografías invisibles

Tabla 4.8
Cuarta traducción, codificación de sinapsis;
registro de movimiento disruptivo. Primera absdragción queen.
Fuente: Elaboración de la autora.

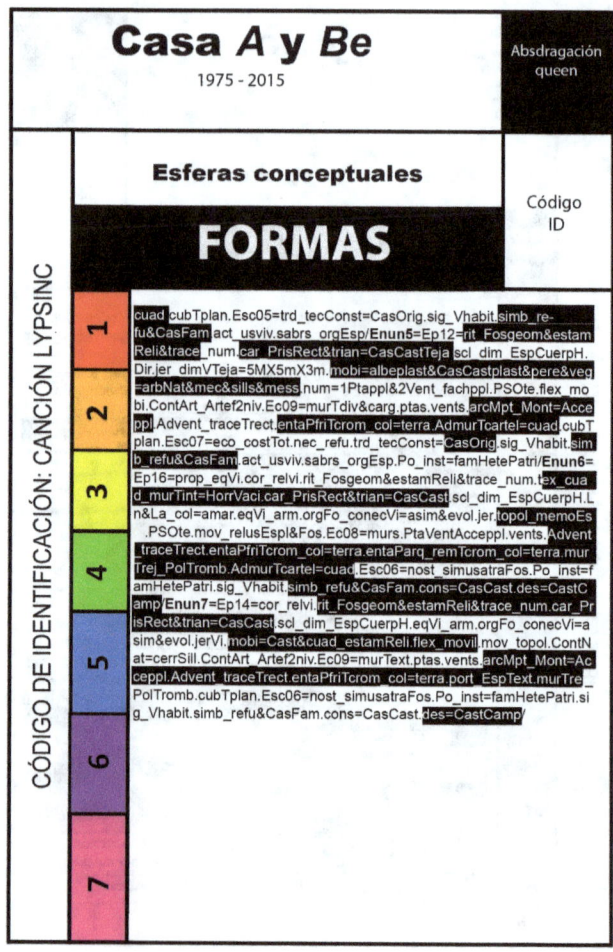

Diana Maldonado

Fig.4.10
Representación de absdragción queen.
Dragama 2. Casa A y Be; esfera conceptual FORMAS.
Fuente: Elaboración de la autora.

Mapas topológicos: Dragama 2

nuevas
FORMAS

      Las imágenes superpuestas sobre el código ID buscan representar gráficamente los movimientos disruptivos generados por el *lypsinc* espacial; aquí, las conexiones entre elementos, la codificación de los patrones repetidos, y las sombras dimensionales, todos trabajan simultáneamente en la reconfiguración (explosión) de los diagramas tradicionales.

Post-arquitectura. Notas sobre geografías invisibles

Fig.4.11
Graficación de patrones de conexión
(movimiento disruptivo). Lypsinc espacial.
Fuente: Elaboración de la autora.

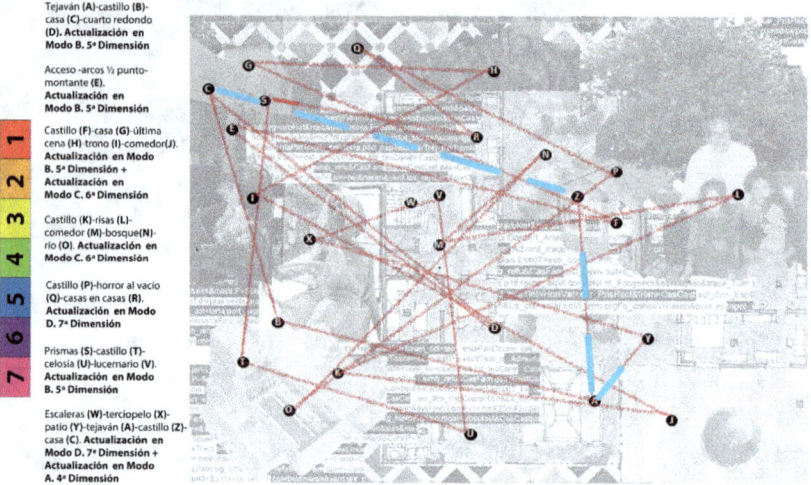

Mapas topológicos: Dragama 2

nuevas
FORMAS

      La draguerización de los movimientos *queen* conecta elementos e imágenes recodificadas, lo que conduce a la actualización continua de la memoria espacial. Los mapas topológicos creados a partir del *dragama* transforman, en lo virtual, la materialidad del artefacto arquitectónico. Desde mi cuerpo *queen* secundario, la casa de A y Be despliega geometrías múltiples; los hiper-espacios creados viajan a través de los distintos modos dimensionales.

Desde el punto de vista teórico-práctico, el origen de la producción arquitectónica se entiende partir de la consideración de necesidades humanas, las cuales se piensan fundamentales para el desarrollo de la vida civilizada; al respecto Lefebvre explica que las necesidades que producen el espacio social, representan un sistema que construye la realidad; sin embargo, el autor argumenta que la realidad proveniente de la necesidad, es efímera y arbitraria, ya que la conceptualización de la palabra 'necesidad' es codificada desde las instituciones que dictan las actividades de uso espacial.

Siguiendo a Lefebvre, las necesidades trabajan simultáneamente como unidad y sistema; así, el objetivo principal de la red-poder es encontrar o fabricar objetos satisfactores de necesidades; aquí el consumo juega un papel vital, por ser el elemento activo que conecta necesidad, objeto y satisfacción. Lefebvre señala que la repetición es una de las características importantes del sistema de necesidades, de esta manera, la necesidad se reconstruye continuamente a partir de la satisfacción de la necesidad origen; el autor explica que a través del consumo o uso de los artefactos satisfactores se producen más necesidades y más objetos de consumo. Lefebvre argumenta que el deseo o conjunto de energías concentradas, es una idea previa a cualquier tipo de necesidad; así mientras el consumo produce objetos, el deseo va más allá de la necesidad como falta, y posibilita la creación de nuevas realidades a partir de la misma materia [32]. El deseo se convierte en el gesto disruptivo que transforma el espacio visible a partir de lo invisibilizado.

Sintetizando algunas de las ideas principales que conforman la teoría post, se puede decir, que los elementos arquitectónicos (particulares, de concreción y socioculturales), así como sus patrones de conectividad, representan la clave para *hackear* las píldoras epistemológicas, con las que comúnmente se piensa el espacio intermedio. Entender el artefacto arquitectónico como geografía artificial, y territorio de punto de partida del fenómeno espacial, desvelará que los cuerpos *queen* son los únicos creadores de poli-espacios. Las *absdragciones* resultantes de la memoria actualizada, evidencian que las multi dimensiones del performance cotidiano (experiencia) constituyen la llave para la inversión ontológica de la arquitectura ¿qué pasaría si sustituyéramos la necesidad-origen por la potencia-deseo? Tal vez la revolución urbano-arquitectónica comenzaría...

NOTAS

[1] Rob Shields, *Spatial Questions. Cultural Topologies and Social Spatialisations* (Los Angeles, California: Sage, 2013), 131-134.

[2] Stephen Hawking, *A Brief History of Time* (Nueva York: Random House, 2017).

[3] El término Big Bang se usa para nombrar la primera singularidad y se refiere a la expansión del espacio-tiempo y a la creación de materia.

[4] Físico norteamericano cuyas propuestas fueron esenciales para el avance de la teoría y la electrodinámica cuántica; también trabajó en la teoría de la super fluidez y desarrolló los "diagramas de Feynman".

[5] Cosmólogo belga quien ha trabajado con Stephen Hawking en investigaciones sobre inflación cósmica; sus estudios se desarrollan dentro del campo de la cosmología cuántica y la teoría de cuerdas.

[6] "Before the Big bang 5: The No Boundary Proposal", acceso el 10 de septiembre de 2020, https://www.youtube.com/watch?v=Ry_pILPr7B8&t=108s

[7] "Humanity in the multiverse: Thomas Hertog at TEDxLeuven", acceso el 15 de mayo de 2021, https://www.youtube.com/watch?v=L3NiUZVGS9s

[8] El término geohistoria se refiere al conjunto de relatos donde el espacio es el punto de partida; aquí el "geo" juega un rol protagónico, lo que permite que el espacio vaya más allá de la característica escénica con la que tradicionalmente ha sido definido.

[9] Rob Shields, *The Virtual* (Nueva York: Routledge, 2003), 26-40.

[10] Steen Eiler Rasmussen, *Experiencing Architecture* (Massachusetts: MIT Press, 1964, Kindle edition).

[11] Josep Maria Montaner, *Del diagrama a las experiencias, hacia una arquitectura de la acción* (Barcelona: Editorial Gustavo Gili, 2014), 77-91.

[12] Mickey Valley, "Actualization" en *Demystifying Deleuze*, Rob Shields y Mckey Vallee eds. (Ottawa: Red Quill Books, 2012), 11-16.

[13] Manuel Castells, *Communication Power* (Nueva York: Oxford University Press, 2011), 19-26.

[14] Sebastian Seung, *Connectome* (Nueva York: Mariner Books, 2012).

[15] Neil Wilkins, *Inteligencia Artificial* (USA: Bravex Publications, 2019).

[16] Ibíd, 140-155.

[17] Montaner, *Del diagrama a las experiencias, hacia una arquitectura de la acción*, 20-27.

[18] Ibíd, 32-36.

[19] Fernando Lara, "Abstraction is a Privilege", PLATFROM. Provocative Timely Diverse, 7 de junio de 2021, acceso el 9 de junio de 2021, https://www.platformspace.net/home/abstraction-is-a-privilege?fbclid=IwAR2gJgzkOBhZEhYPyb4Xru0oDaQzw288qsjjQPMEeE8pJAn0SMI08h2eN4c

[20] Gilles Deleuze, *Pintura. El concepto de Diagrama* (Buenos Aires: Editorial Cactus, 2007)

[21] Palabra en inglés que significa raro o extraño; sin embargo, en el *slang* norteamericano es utilizada como insulto y en este caso queer significa marica, maricón u homosexual.

[22] Tom Fitzgerald & Lorenzo Marquez, *Legendary Children* (Nueva York: Penguin Random House, 2020, edición Kindle)

[23] RuPaul Andre Charles, Rupaul's Drag Race (2009; Simi Valley, California: Logo & VH1, 2009-2021) Netflix.

[24] A partir de la propuesta de Judith Butler se puede hablar del proceso de *queerización* como la inversión performativa del insulto.

[25] Fitzgerald & Marquez, *Legendary Children*.

[26] Diana Maldonado, "Un espacio fantástico.Historia, teoría y decolonización. Primer ensayo", en Apuntes sobre decolonización, arquitectura y ciudad en las Américas, Reina Loredo & Fernando Lara (eds.) (México: Colofón editorial, 2020), 64-65.

[27] De acuerdo con Paul B. Preciado, los pensadores autocobaya son aquellos que piensan con su propio cuerpo, de este modo la experiencia personal se convierte en una plataforma de transformación política.

[28] Para nombrar a los personajes que aparecen en el relato se utiliza la pronunciación de la primera letra del nombre real, por ejemplo, *Be* corresponde a Benilde, mi abuela paterna.

[29] Algunos nombres de los personajes presentan características adicionales, por ejemplo, *A. hache* corresponde a Astolfo hijo, mi padre; mientras que *Ele.pe* se refiere a Lilia, la hija más pequeña de la familia.

[30] El término 'espacialización' se refiere al proceso de conectar la teoría y/o el lenguaje con atmósferas espaciales.

[31] Para lista de elementos y propuesta de abreviación véase el *Anexo* localizado al final del documento.

[32] Henri Lefebvre, *La producción del espacio* (España: Capitán Swing, 2013), 424-426.

Anexo

elementos particulares:

- proporción (prop)
- armonía (arm)
- simetría/Asimetría (sim) (asim)
- correspondencia (cor)
- ritmo (rit)
- color (col)
- textura (tex)
- carácter (car)
- escala (scl)
- luz (natural y artificial) (Ln) (La)
- equilibrio (equilibrio de fuerzas y equilibrio visual) (eqFu) (eqVi)
- fuerza (tipos de fuerzas –incluida la gravedad) (Fu)
- esfuerzos (tipos de esfuerzos) (esfu)
- cargas (carg)
- multimedia (proyecciones, videos) (mmed)
- materiales (Propiedades de los materiales - sustentables/no sustentables natural/artificial) (mat) (mat.s) (mat.ns) (mat.n) (mat.a)
- sonidos (natural/ artificial) (Sn) (Sa)
- olores (olo)
- organización (de las formas, de las fuerzas) (orgFo) (orgFu)
- dimensiones (medidas) (dim)
- direcciones (dir)

- flujos de uso (fludus)
- usos (us)
- vegetación (veg)
- dirección del viento (dirv)
- jerarquía (jer)
- mobiliario fijo (mobi)
- límites (lim)
- orden (ord)
- intervalos (inter)
- silencio (sil)
- número (num)
- geometría (geo)
- topología (topol)
- topografía (topog)
- posición (P)
- flexibilidad (flex)
- movimiento (mov)
- tecnología (tec)
- contexto natural (Cn)
- contexto artificial (Ca)
- suelo (propiedades) (S)
- clima (clim)
- área (zona delimitada). (are)

elementos de concreción:

a) <u>Cimientos</u>:
- zapatas, (zap)
- vigas de cimentación, (vigcim)
- muro de contención. (murcont)

b) <u>Apoyos</u>:

- columnas: (clna)
- exenta, (clnaExe)
- adosada, (clnaAdo)
- embebida, (clnaEmb)
- estriada, (clnaEstr)
- fasciculada, (clnaFasci)
- agrupada, (clnaAgr)
- salomónica, (clnaSalo)
- cariátide, (clnaCari)
- atlante y (clnaAtl)
- columna estípite (clnaEsti)

<u>Partes de la columna clásica</u>:
- basa, (clnaPbas)
- fuste, (clnaPfus)
- capitel, (clnaPcap)
- pedestal, (clnaPbped)
- tambores. (clnaPtamb)
- Órdenes Clásicos: toscano, dórico, jónico, corintio, compuesto.

<u>Adorno en columnas</u>:
- ovas, (clnaADov)
- dardos, (clnaADdard)
- hojas de acanto, (clnaADhacant)
- estrías (textura). (clnaADestr)

Otros apoyos:

— pilastra, (pila)
— pilar: (pilr)
— recto, (pilrRec)
— inclinado, (pilrIncl)
— de sección cuadrada, (pilrScuad)
— circular; (pilrScirc)
— muros cargadores, (murCarg)
— contrafuertes, (conFte)
— cadenas, (cad)
— antas, (ant)
— jambas, (jamb)
— cables, (cabl)
— tensores (tens)

c) <u>Secciones:</u>

— viga, (vig)
— dintel, (dint)
— armadura, (arm)
— entablamento, (enta)
— arcos, (arc)
— arbotante, (arbo)
— marco rígido. (mcorig)

<u>Tipos formales de arcos</u> (arc):
— de medio punto, (arcMpt)
— de tres puntos, (arc3pts)
— rebajado, (arcReb)
— adintelado, (arcAdin)
— conopial, (arcCono)

- poli lobulado, (arcPlob)
- ojival, (arcOji)
- ciego. (arcCie)

Partes del arco:

- dovelas, (arcPdov)
- clave, (arcPcla)
- salmer, (arcPsalm)
- intradós, (arcPintr)
- extradós. (arcPextr)

Partes del entablamento:

- arquitrabe, (entaParq)
- friso (entaPfri) (entaPfriTcrom)
- cornisa; (entaPcor)
- tímpano (entaPtim)

Tipos de tímpano:

— vacío, (entaPtimpTva)
— decorado, (entaPtimpTdec)
— calado). (entaPtimpTcal)

Adorno en friso:

- dentículos, (friADdent)
- triglifos, (friADtrig)
- metopas, (friADmeto)
- mútulos, (friADmutu)
- bucráneos(friADbucra)

d) Plano horizontal y vertical:

— muros, (mur)

Partes del muro:

— Hiladas(murPhil)

Tipos de muros:

— muro divisorio, (murTdiv)
— muro cargador, (murTcarg)
— muro cortina, (murTcort)

Otros elementos en plano vertical y horizontal:

— celosía (murTcel)
— puertas, (pta)
— ventanas, (vent)
— patio central, (ptocentr)
— patio interior, (ptointe)
— pórticos, (port)
— escaleras, (esclrs)
— elevadores, (elev)
— terrazas. (terr)

Adorno en plano horizontal y muros:

- espejo de agua, (phADespag)
- arcadas, (murADarca)
- enjutas, (murADenju)
- baldaquino, (phADbalda)
- pérgola, (phADperg)
- rejas, (murADrej)
- sigmas, (murADrejADsigm)
- volutas, (murADrejADvol)
- alfardas, (esclrsADalfar)
- ménsulas, (phADmens)
- modillones, (phADmodi)
- balaustrada, (murADbalau)
- balcones, (balc
- baldosas, (phADbaldos)
- nichos, (murADnich)
- mosaico, (murADmosa)
- enlucidos, (murADenlu
- teselas, (murADtese)
- aplacados, (murADaplac)
- arcaduces, (murADarcduc)
- rodapié, (murADrodp) (murADrodpTcrom)
- cartela, (murADcartel)
- tableros, (murADtabl)
- gárgolas, (murADgarg)
- jambaje, (ventADjamb) (ptaADjamb) (ventADjambTcrom) (ptaADjambTcrom)
- archivolta, (ptaADarchi)
- arrabá, (murADarra)
- rosetones, (ventTrose)
- mascarones, (murADmasc)
- ajimez, (ventTajim)
- ajaraca, (murADajar)
- tracería, (ventADtrace)
- montante, (ventTmont)

- vitrales, (ventTvitr)
- recubrimientos, (murADrecurbr)

e) Cubiertas:

- plana, (cubTplan)
- prismática, (cubTprism)
- poliédrica, (cubTpolie)
- interseccionada, (cubTinterse)
- cúpula, (cubTcup)
- bóveda de cañón, (cubTbovcañ)
- bóveda cónica, (cubTconi)
- membranas, (cubTmemb)
- cascarones. (cubTcasca)

Adorno en cubiertas:

- alero, (cubADaler)
- tejas, (cubADtej)
- pechinas, (cubADpech)
- mansardas, (cubADmans)
- doselete, (cubADdosel)
- remates, (cubADrema)
- lucernario, (cubADlucern)
- tragaluz, (cubADtralu)
- linternilla, (cubADlinter)
- acróteras, (cubADacrot)
- aguja, (cubADaguj)
    - pináculos, (cubADpinac)
    - gablete, (cubADgable)

- almenas, (cubRalmen)
- pretil, (cubRpret)
- espadaña, (cubADRespdña)
- campanario, (cubADRcamp)
- frontones (completo o quebrado), (cubADRfront) (cubADRfrontTquebr)
- acróteras. (cubADacrot)

f) Otros:

- ingeniería hidrosanitaria, (inghidr)
- ingeniería eléctrica, (ingelec)
- mobiliario. (mobi)

elementos socioculturales:

- economía (eco)
- necesidad (nec)
- deseo (des)
- nostalgia (nost)
- consumo (cons)
- tradiciones (trd)
- instituciones (inst)
- poder (po)
- placer (pl)
- signos (sig)
- símbolos (sim)

— actividades (act)
— saberes (cono)
— confort (conf)
— eficiencia (efi)